ARMAND DEMELIN

L'ESTHÉTIQUE SUPÉRIEURE ET L'INSPIRATION

LA CONNAISSANCE ÉMOTIONNELLE

Essai critique et documentaire
sur l'Intégralisme

DU SYMBOLISME A L'INTÉGRALISME
— L'ŒUVRE D'ADOLPHE LACUZON —
ÉTERNITÉ — L'AVENIR DU POÈME —
MENTALITÉS NOUVELLES — L'EFFORT
D'UNE GÉNÉRATION, ETC. — TEXTES
DOCUMENTAIRES

PARIS
LIBRAIRIE EUGÈNE REY
8, BOULEVARD DES ITALIENS, 8

MCMXIV

LA CONNAISSANCE ÉMOTIONNELLE

A PARAITRE

Jeunes penseurs et jeunes critiques
1 vol. in-18.

Tous droits de reproduction et de traduction réservés pour tous les pays, y compris la Suède et la Norvège.

ARMAND DEMELIN

L'ESTHÉTIQUE SUPÉRIEURE ET L'INSPIRATION

LA CONNAISSANCE ÉMOTIONNELLE

Essai critique et documentaire sur l'Intégralisme

DU SYMBOLISME A L'INTÉGRALISME — L'ŒUVRE D'ADOLPHE LACUZON — ÉTERNITÉ — L'AVENIR DU POÈME — MENTALITÉS NOUVELLES — L'EFFORT D'UNE GÉNÉRATION, ETC. — TEXTES DOCUMENTAIRES

PARIS
LIBRAIRIE EUGÈNE REY
8, BOULEVARD DES ITALIENS, 8

MCMXIV

Par delà les divers modes de la connaissance classés par la philosophie et par la science, par delà l'intuition, dont notre espèce ne possède même pas le privilège supérieur, — au demeurant, simple anticipation de l'instinct conservateur, et, par suite, inapte à toute motion créatrice, — il existe une faculté transcendante de l'être dont la condition ne pouvait être élucidée que par l'étude interne du rythme et de l'intégration en poésie. C'est cette faculté, seule capable de convertir en valeurs affectives tout le savoir intellectuel des hommes, que nous avons appelée : Connaissance émotionnelle.

Adolphe LACUZON.

INTRODUCTION

INTRODUCTION

Il n'est point dans nos habitudes, en France, de rendre justice avant de longues années, aux novateurs et aux initiateurs qui ne nous arrivent pas du dehors. Lorsque, par exception, le fait se produit, il est surtout le résultat d'un engouement assez conventionnel ayant, la plupart du temps, son point de départ dans des causes fortuites parfois insignifiantes, et surtout même étrangères aux mérites vantés.

La vie moderne est à ce point remplie de compétitions de toutes sortes, même dans les domaines les plus opposés, que les contemporains intéressés s'ingénient à mettre obstacle réciproquement à toute consécration de leurs efforts. Et ce faisant, des personnalités de tous les continents sont conviées à venir occuper chez nous le rôle de précurseurs et de directeurs de consciences.

C'est ainsi que, durant ces dernières années, Ibsen, Nietzsche, Tolstoï, Bjoersen-Bjorson, et quelques autres, investis par nous d'une gloire sans égale, étaient présentés partout comme les maîtres de la pensée française. Hier, on nous annonçait Walt Wittman ; demain, de nouveaux prophètes passeront la frontière et le même concert se poursuivra.

Loin de moi la pensée de refuser, ou même de mesurer à ces auteurs les hommages qui leur sont dus, mais à une époque où on parle, avec tant de complaisance et d'insistance, du ressaisissement de nos énergies nationales, je ne sais rien de plus désobligeant pour les jeunes penseurs, poètes et philosophes de ce temps, d'être immanquablement annoncés comme les caudataires empressés de ces divers écrivains dont le lancement chez nous semble un défi de plus en plus mortifiant à notre orgueil et à notre dignité.

C'est sous l'empire de ces constatations que j'écris les premières lignes de l'avant-propos de ce livre, réunion de quelques études consécutives, de même objet, dont la plupart ont paru séparément, à des intervalles plus ou moins éloignés, de 1902 à 1913.

Un mouvement existe, esthétique et philosophique, qui a pris naissance dans la véritable jeunesse française et ne doit rien aux influences du dehors. Je n'ai d'autre titre à remplir, vis-à-vis de mes contemporains, cet effort de justification de leurs tentatives, que celui d'avoir été des tout premiers à signaler et à suivre ce mouvement dont l'ampleur dépasserait aujourd'hui le cadre de cet ouvrage, si je n'avais borné mon ambition à en dégager simplement les directions, dans leur originalité première et leur détermination générale.

D'autre part, sous le titre « *Au commencement était le Rythme* », un essai sur l'*Intégralisme* vient d'être publié en nouvelle édition (*). Dans cet ouvrage, M. J. Roussille s'est plus particulièrement attaché à la partie métaphysique de la doctrine, et je n'ai pas à y revenir. Je resterai donc dans le domaine de l'idéologie active et organisatrice, à cette fin d'en marquer les états successifs, de son origine à ce jour.

Mais, avant d'entrer dans les développements nécessaires, je crois utile que soit résumée brièvement la matière même de l'effort auquel se doit rapporter l'argumentation dialectique des pages qui suivent. Dans ce but, je reproduirai simplement un extrait de l'Introduction aux *Actes de l'Intégralisme*. Le fond même du sujet s'y trouve exposé dans toute sa netteté.

(*) *Au commencement était le rythme,* essai sur l'*Intégralisme*, 1905, Pédone, édit. Paris. Nouvelle édition conforme, 1913, Lemerre, éditeur.

« Et de fait : c'est pour avoir, au sein même de la connaissance universelle, élucidé les conditions d'existence de l'Inspiration, que l'Intégralisme a pu établir et fixer les rapports qui unissent la Poésie à tous les domaines du savoir. Des hommes de pensée, demeurés jusqu'alors étrangers aux destinées d'un art dont se réclamaient à la fois tant d'ignorants et de fauteurs d'insanités, connurent ainsi les raisons profondes d'intervenir à leur tour. L'opinion s'est peu à peu transformée, et désormais un public existe, foncièrement régénéré, dont l'empressement militant et la compétence probante ont déjà fait justice, en mainte occasion, non seulement de ce qu'il est convenu d'appeler le snobisme, mais encore de tous ces menus expédients de publicité, voire d'embauchage au pair, fort en pratique entre commettants sans fierté. Aussi bien, pour la vérification des résultats, suffit-il de s'en remettre aux textes mêmes. De la coordination rigoureuse de propositions ayant servi de base à l'esthétique nouvelle, une action morale devait naître : elle fut une sauvegarde. En même temps qu'elle accusait de plus en plus l'intégrité organique de la métaphysique générale qui avait présidé à l'élaboration de chacun des principes posés, elle dénonçait et infirmait sans férir toutes les déformations et toutes les appropriations extérieures. Le public est aujourd'hui à même de s'en assurer par des confrontations opportunes. Or si, à cet égard, il n'a pas laissé que d'attester une clairvoyance décisive, il ne lui a pas échappé davantage que c'est pour avoir identifié la Poésie, dans ses éléments positifs comme dans son essence, à l'aspiration et à la recherche éternelles, qu'il a été donné à l'Intégralisme d'en dégager et signifier la motion séculière, au-delà de la Science qui venait de périmer leurs derniers symboles.

Il n'est plus que de discerner un devoir. On ne trouvera donc chez nous aucun de ces articles où l'impropriété et la compromission des idées n'ont jamais laissé qu'aux seuls paraphrastes la satisfaction d'un commerce profitable. Les auteurs savent ce qu'ils veulent, et où ils vont. Et par leur témoignage, il sera vrai qu'au début du XXe siècle, la Poésie française, — passant outre à l'agitation des versificateurs et à leurs compétitions dérisoires, — aura élu ses forces vives ailleurs que dans cette niaiserie laborieuse où l'accompagne le sourire des gens d'esprit — dans les consciences !... »

C'est à ces points de vue que nous resterons placés.

Certes, la propogation des idées est une force sûre, toute en puissance dans les données génératrices de celles-ci. Leur valeur propre les poussent où elles doivent. Il serait puéril de s'inquiéter outre mesure des vicissitudes de leur carrière ; elles ont une méthode d'action qui, sans doute, échappera toujours à nos analyses. Elles vont où elles doivent.

Mais, s'il est une fatalité qu'elles auront à subir, chemin faisant et pour un temps plus ou moins long, c'est celle de la déformation. A peine mises au jour, des esprits s'y fourvoient, l'intérêt de la nouveauté les a retenus, et, tout de suite, sans autre formalité, ils s'en font une référence, sinon la contrepartie de leurs opinions en mal de controverse. Et alors commence la série des interprétations saugrenues et des travestissements. Chacun ramène la question à la mesure de son entendement et il va sans dire que cet entendement n'est pas toujours très clair. L'on s'en fait d'ailleurs une raison pour parler plus fort.

Or, la valeur propre de toute doctrine esthétique ou philosophique est apparemment tout entière dans l'enchaînement des propositions qu'elle a su réunir. Les développements, les digressions, en un mot, l'ensemble des considérations subsidiaires n'en demeurent que les corollaires et l'illustration théorique.

Et cependant, que voyons-nous ? Sous le

nom d'études se multiplient d'interminables compilations où sont invoqués, tour à tour et pêle-mêle, tous les penseurs de l'humanité. Le concert ne manque pas d'incohérence. Les superbes formules que les siècles ont léguées à nos méditations se trouvent en très fâcheuse posture au milieu de ce concert inattendu et désobligeant. Enlevées à l'harmonie des conceptions où elles ont pris corps, il leur arrive cette sombre aventure de s'abîmer dans un chaos de contresens.

Au fait, on ne devrait s'étonner de rien. D'ailleurs, la joie y trouve parfois son compte, et bien des constatations sont exhilarantes. On reconnaît toujours, ne fût-ce qu'à la façon de le porter, le vêtement occasionnellement emprunté pour une circonstance de parade. Celui-ci est une dénonciation de tous les instants; il trahit nécessairement son endosseur, surtout au moment de se servir des poches ou d'arrondir le bras.

Mais, précisons. Dans cet ouvrage, nous

nous plairons aux observations de ce genre. Et tout en repérant le lecteur dans la voie où se sont engagées les idées qui nous sont chères, nous ferons appel à la confrontation des textes.

Je voudrais, en effet, dire ici toute la vérité; ne rien avancer qui n'ait sa vérification historique et chronologique dans des citations précises, en un mot faire la lumière par l'évidence. Si le fait d'avoir suivi, depuis son origine et dans toutes ses manifestations, le mouvement intellectuel qui nous occupe; si le souci constant et désintéressé d'en dégager toujours les principes directeurs constituent une caution suffisante, je suis sûr d'accomplir ma tâche jusqu'au bout. Trop de productions critiques, à notre époque, ne sont, à mon sens, qu'un assemblage d'affirmations sans valeur organique. Une documentation éparpillée en fausse ordinairement la portée, et le lecteur se trouve en présence de conclusions dont il eût souhaité, tout au moins, qu'on lui présentât dûment les prémisses avant de solliciter son adhésion bénévole.

C'est pourquoi nous n'avons pas hésité à multiplier les citations et à leur donner toute l'extension désirable. Il est des cas où résumer est impossible. Pour la loyauté de la discussion, nous avons laissé la parole aux auteurs. Nous avons ainsi conscience de les avoir moins souvent trahis !...

Nous ne nous étendrons pas ici sur l'émulation considérable que suscitèrent les premiers travaux de l'*Intégralisme*. Le fait est trop connu aujourd'hui. Sans doute, est-ce le propre des motions fécondes d'éveiller immédiatement l'esprit d'imitation, et ne faut-il voir dans les événements de cette nature, qu'une preuve du bien fondé des propositions offertes à l'entendement renouvelé des jeunes générations. Le détachement, le caractère hautain des initiateurs ne furent pas, d'ailleurs, étrangers aux résultats. Ces poètes ne réclamaient rien pour eux-mêmes, ne sollicitaient aucun renfort de l'extérieur ou de la camaraderie (*).

(*) Comme les Romantiques, les Parnassiens et les Symbolistes, les Intégralistes ont toujours protesté contre toute idée d'embrigadement et d'écoles. Entendre affirmer hautement la recherche d'un idéal nouveau, entreprendre de renouveler les sources de l'inspiration en s'aidant d'une plus exacte connaissance des problèmes inhérents à la cause de l'art, n'implique aucune inféodation, non plus qu'aucune abdication de personnalité. D'ailleurs, pour éviter toute équivoque, les discussions de technique furent écartées de prime abord. Lacuzon, Vannoz, Roussille l'ont rappelé maintes fois. « On n'enferme pas la poésie dans un système de procédés ou de recettes de fabrication, déclare Lacuzon, nos préoccupations sont bien loin et bien au-dessus des *querelles d'écoles.* » « J'ai d'ailleurs vécu trop loin des écoles pour accepter leur direction ou leur discipline, reprend Sch. Ch. Leconte, dans la préface du *Sang de Méduse* (1905), et je n'ai sur l'initiateur, bientôt célèbre, de ce mouvement et sur la jeunesse qu'il a ralliée autour de lui, que le triste privilège de quelques années de plus. » La situation est donc nettement définie. Quoi qu'il en soit, aux yeux du lecteur qui juge à distance et dans l'ensemble, rien ne saurait prévaloir contre cette constatation historique et chronologique que l'Intégralisme a fait école, au sens réel du mot, attendu que depuis la publication d'*Eternité* (janvier 1902), nous avons vu se produire, dans un même esprit d'émulation grandissante, tout un ensemble ininterrompu de manifestations sous le nom d'Impulsion-

INTRODUCTION 21

Au contraire, ils se renfermaient dans une sorte d'intransigeance assez distante, et, pour un peu, ils eussent inscrit au seuil de leur temple, à l'exemple de l'inscription antique : « Nul n'entre ici s'il n'est géomètre ». Il n'en fallut pas davantage pour exciter, chez les nouveaux venus, non seulement la curiosité, mais le désir ardent d'intervenir dans toutes les questions à l'ordre du jour. On s'empara des arguments pour les discuter dans les cénacles d'à côté. Les uns et les autres les revendiquèrent tour à tour pour se les opposer ensuite et, qu'on me pardonne cette image hasardeuse, l'*Intégralisme* devint en quelque sorte, si l'on peut dire, le champ de pommes de terre de Parmentier. Encore qu'il y fût tenu bonne garde, on s'ingénia pour y pénétrer et en emporter quelque chose. Je ne sais si le procédé fut prémédité par les initiateurs;

---

nisme, d'Humanisme, de Néo-Romantisme, d'Unanimisme, de Visionnarisme, d'Intensisme, sans compter toute la série à côté des frénétiques, etc. Ce ne fut, d'ailleurs, jamais qu'au sein d'une telle activité que s'affirma une époque.

je n'oserais vraiment l'affirmer. Toujours est-il qu'il réussit au-delà de toute imagination.

Et c'est ainsi qu'aujourd'hui, dans toutes les préoccupations de la génération nouvelle, se retrouvent les apports de l'Intégralisme. Nous allons essayer de montrer comment, peu à peu, le mouvement prit corps et imposa son orientation, sous les divers aspects de l'activité intellectuelle contemporaine.

DU SYMBOLISME A L'INTÉGRALISME

DU SYMBOLISME A L'INTÉGRALISME

« La transmutation du Savoir en valeurs émotionnelles. »

Une idée domine actuellement toutes les préoccupations de la recherche intellectuelle ; cette idée est celle du retour à l'unité. Cent manifestations en témoignent. La série s'en accroît tous les jours, et il faut bien convenir que nous sommes en présence d'une impatience, on ne peut plus marquée, d'inaugurer un esprit nouveau dans l'édification des doctrines qui, toutes à l'envi, se disputent l'hégémonie, en philosophie comme en sociologie. A vrai dire, le XIXe siècle qui, on l'a assez répété, fut le siècle de l'analyse, avait abouti à cette spécialisation à outrance que nous connaissons bien, et dont nous commencions à souffrir quelque peu. Cantonnés dans les domaines respectifs qu'ils s'étaient choisis, les savants et les penseurs en étaient arrivés, non seulement à ne plus trouver de terrain d'entente, mais encore à ne plus se comprendre, tant leur langage, leur terminologie et leurs points de vue se trouvaient différents, pour ne pas dire complètement étrangers, voire même hostiles.

Aux esprits superficiels, le remède à un tel état de choses apparaissait bien simple. L'idée d'analyse, par opposition, appelait celle de synthèse ; et le motif fut à l'ordre du jour. Le XX° siècle devait être un siècle de synthèse. Mais, hélas ! ce n'était là qu'un mot, et s'il sert encore de ralliement à des tentatives de toutes sortes, il faut convenir que la notion qu'il représente apparaît, au moindre examen, absolument vide de sens. Et, en effet, l'entendement humain ne saurait être pris pour un creuset ou une cornue de laboratoire. Tous les facteurs de la connaissance, toutes les antinomies, toutes les contradictions, tous les sophismes ne peuvent ainsi être mis à la refonte ou en solution aqueuse et, sous l'influence magique de quelques syllogismes, donner naissance à un système nouveau, indéfectible et péremptoire. L'invraisemblance d'une telle opération fait justice de la niaiserie qui l'avait pu concevoir et il ne semble pas qu'il y ait à y revenir. Il faut la laisser pour compte aux primaires qui pullulent à l'orée de ce siècle, et dont l'ignorance envahissante et tapageuse entend chaque jour recréer le monde aux lueurs fulgurantes d'une intuition « dont notre espèce ne semble même pas posséder le privilège supérieur ».

S'il est exact, comme nous l'avons dit plus haut, que le souci de retour à l'unité triomphe aujourd'hui, sans doute est-il permis de se demander si cette préoccupation, se manifestant ainsi dans des domaines très différents, n'est pas de nature à préparer la conciliation d'un ensemble de principes dont une mise au point subséquente apporterait à notre inquiétude un commencement de satisfaction. A première vue, la chose paraît en effet réalisable.

En effet, il existe suffisamment d'esprits avertis et clairvoyants, capables d'effectuer, parmi les éléments choisis, la généralisation souhaitable. Mais alors, que verrions-nous ?... Sans compter qu'il pourrait se présenter un assez grand nombre de solutions, et qu'ainsi il faudrait en arriver à une discrimination assez difficultueuse, nous nous trouverions en présence d'un système dernier qui ne serait, de la sorte, qu'une résultante de tous les systèmes mis en cause. Et ce ne serait encore qu'un système. Issu de l'intelligence, il ne s'adresserait qu'à l'intelligence, et vis-à-vis des exigences de l'âme, il resterait dépourvu de cette valeur émotive qui constitue le facteur initial de l'aspiration humaine ; la solution serait donc loin d'être fournie, car, en définitive, c'est une foi que nous cherchons.

Des poètes l'ont trouvée.

Après vingt siècles de luttes, d'ardeurs, d'exploits sans nombre et de conquêtes, l'homme, devant l'Univers, reste seul avec tout son savoir. Cette solitude a suscité en lui le drame le plus poignant que la conscience humaine ait peut-être jamais connu. Par instants, il lui semble que cet orgueil qu'il porta si haut, s'est abattu dans son âme pour s'y muer en une détresse immense. Il se sent soudain comme au fond d'un abîme, avec cette angoisse que nul cri n'en pourra peut-être jamais remonter !

Car les temps ne sont plus, hélas ! où, dans la candeur de son aspiration, il pouvait, en d'innocentes prosopopées, confier son trouble aux choses et leur demander de l'assister auprès des dieux familiers. Son âme a l'âge des peuples qui l'ont conduite jusqu'à nous ; en elle a retenti le fracas des temps ; toutes les forces du passé, toutes les influences du savoir se sont inscrites dans sa ferveur ; elle en a l'omniscience incluse aux tressaillements les plus subtils de son devenir, et l'homme ne la peut plus commettre aux balbutiements de ses premiers rêves.

Car, hélas encore, il faut bien l'avouer, « cette puissance, en se virtualisant en lui, s'est abstraite du rythme où elle s'était imposée à son affectivité ». Elle n'est plus qu'une puissance d'ordre intellectuel, et son activité ne semble plus devoir s'employer désormais qu'à l'élaboration d'un raisonnement dont les données se déplacent sans fin ; elle n'est plus que discernement, entendement réflexion, expérience et, de ce fait, a perdu cette vertu émotionnelle, seule capable de l'unir à la destinée spirituelle des mondes.

Or, si depuis Héraclite, et bien avant lui peut-être, l'homme sait que tout, dans l'Univers, est mouvement, il sait aussi que rien n'est isolé en soi, que tout s'enchaîne suivant un complexus de fonctions que la dialectique la plus ardue ne pourra jamais résoudre. Il s'effare devant la stérilité de son effort. Des profondeurs de son instinct, une voix qu'il connaît bien s'élève qui lui parle d'un Infini nostalgique. Par moment, elle se fait impérieuse, semble se taire ensuite, puis, au plus douloureux de son angoisse, renaît encore pour lui conseiller l'acte de foi de ses pères. Le voudra-t-il ? Ah ! d'où qu'ils viennent, l'élan, l'appel, la crise, qui le délivrant de son tourment, convertiraient tout son savoir en puissance d'amour, et comme un rêve de son enfance, emporteraient cette force au ciel de la croyance et du pardon !

Et voilà que le Poète a parlé. Par la grâce d'un soupir, et, se ressouvenant du frisson d'infini qu'une étreinte a laissé dans sa chair, il a compris qu'au plus profond de son être se pouvait opérer la transmutation suprême. Un sursaut de son âme féconderait cette puissance immense accumulée en lui au cours des âges ; il la transfuserait dans l'ardeur de son sang et de ses muscles ; il la ferait repasser à travers tous les élans de son instinct, « il la rééduquerait au rythme de sa propre existence », et jaillie cette fois de sa chair qui souffre et qui pantèle, elle aurait l'accent dont s'émeuvent les peuples lorsque, de siècle en siècle, une voix humaine unit la terre aux cieux.

Ah ! maintenant que le cri s'élève, il sera libérateur. Un souffle immense aura enfin traversé le dynamisme effrayant de la vie. Et, tout frissonnant encore de la chair où il souffrit, le Verbe qui l'annoncera au monde n'exprimera rien autre que l'élan même de la destinée en instance éperdue de communion avec cette causalité formidable qui, sur nos lèvres mortelles, se prononce Infini et Eternité.

Et dans le silence des nuits, aux regards qui s'élèvent, comme pour épeler une prière confuse, l'immensité n'apparaît si poignante, avec ses millions de feux sur nous, que pour en attendre l'effusion suprême et la bénir de toutes ses étoiles !

Nous allons étudier maintenant l'œuvre qui a déterminé cette conception.

ÉTERNITÉ

ÉTERNITÉ

Nous sommes aux premiers jours de 1902. Plusieurs ouvrages, d'aucuns fort attachants, et des articles documentés, de publication récente, viennent de dresser, en quelque sorte, le bilan de la littérature française des quinze ou vingt dernières années (*). En l'occurrence, les critiques se sont fait historiens, et avec une impartialité souvent persuasive, ont étudié les origines de ce mouvement connu sous le nom de Symbolisme et de Décadentisme,

---

(*) Cf. André Beaunier, *La Poésie nouvelle;* Ernest-Charles, *La Littérature d'aujourd'hui* ; Gustave Kahn, *Symbolistes et Décadents.*

en ont suivi les phases héroïques et, plus spécialement peut-être, se sont appliqués à définir des personnalités.

Mais, hélas ! leurs conclusions n'apparaissaient rien de plus qu'incertaines. C'est, qu'en effet, il est bien difficile, parmi les auteurs du moment, de reconnaître ceux-là qui, sans se départir de leurs idées premières, sont demeurés les apôtres fidèles de l'art symbolique et décadent. Tous, peu ou prou, ont évolué (*).

Au fait, les meilleurs d'entre eux, de Henri de Régnier à Moréas et à Louis Le Cardonnel, se sont tournés visiblement vers la tradition. Le grand élan, dont on nous avait entretenus avec tant de fracas, reste en suspens devant la désertion effective, sinon avouée, de ceux-là

(*) M. André Beaunier, dont l'ouvrage était tout en faveur des Symbolistes, ne fut-il pas amené, quelques années plus tard, à déclarer avec une franchise tout à son honneur : « Il faut croire que je me suis trompé, car les poètes dont je parlais ont presque tous cessé de faire ce que je trouvais neuf en eux. » (1905), (*La Littérature contemporaine*, enquête par G. Le Cardonnel et Vellay.)

dont on croyait devoir attendre le geste de ralliement. L'inquiétude gagne les esprits, le malaise grandit dans la jeune littérature qui ne sait plus dans quel sens utiliser ses forces vives. On commence même à se demander, parmi les plus convaincus, si cette effervescence ne fût pas, à la vérité, un trompe-l'œil, et si, en définitive, les protagonistes n'étaient pas les premiers à regretter leurs exploits de la veille.

Cependant, l'œuvre d'un Zola conservait encore son action sur de nouveaux venus qui en accommodaient le naturalisme à la fois dru et cru, avec la sentimentalité bucolisante des doctrines d'un Jean-Jacques Rousseau. On voulait idylliser l'existence, tout en la signifiant héroïque. On célébrait le travail, le brave ouvrier et la gloire des métiers obscurs. Mais tout cela qu'impliquait déjà l'œuvre d'un Coppée ou même d'un E. Manuel, ne pouvait plus émouvoir personne. Tous les grands prosateurs du siècle avaient depuis longtemps épuisé de tels thèmes. Cette poésie s'affichait vraiment trop, malgré le talent dépensé, avec des airs de chromos.

Il fallait autre chose. Par l'ensemble de la jeunesse, l'incertitude persistait, et avec un Samain et un Charles Guérin, elle prenait bientôt le caractère d'un pessimisme alangui et souffrant dont le charme devait retenir un moment tous les isolés et les médidatifs, épris de grâce subtile et de sentiments délicats. Mais aucun mouvement ne s'affirmait, et l'on avait cette impression que la Poésie se trouvait acculée à une décision sous peine de se trouver bientôt submergée par les progrès envahissants de la vie intellectuelle sous toutes ses formes. M. Max Nordau n'affirmait-il point, en substance, qu'elle ne devrait plus être à l'avenir que le passe-temps des oisifs et des impuissants ? (*).

(*) Rappelé par les docteurs Antheaume et Dromard dans leur important ouvrage sur la *Poésie, le génie et la folie* (Doin, éditeur). Les auteurs, après avoir dégagé,

C'est dans ces conjonctures qu'*Eternité* parut (janvier 1902).

A vrai dire, le poème était connu depuis longtemps déjà dans les milieux littéraires. Des extraits en avaient été produits dans diverses revues, et en janvier 1899, une audition complète en avait été donnée à la salle du *Journal* (*).

Par une résistance que, seuls, les familiers de l'auteur peuvent comprendre, Lacuzon avait retardé la publication de son livre, et ce n'est que sur l'insistance renouvelée de ses amis qu'il s'était enfin décidé à le mettre au jour.

avec de nombreux faits cliniques en exemple, les caractères spécifiques qui séparent l'inspiration morbide du génie en général sont amenés à combattre les théories de Lombroso et de ses émules, considérant le génie comme une modalité de la névrose et aux thèses de dégénérescence, ils opposent les principes de l'Intégralisme : « Cette conception puissante qui supprime tout antagonisme en vertu duquel la poésie devrait périr un jour sous les progrès du savoir ».

(*) Cette audition avait été précédée d'une conférence introductive de M. René Lecholleux.

Dans la circonstance, la réserve du poète ne se justifiait en aucune façon, et les événements le firent bien voir. Je ne sais comment les choses se passaient aux époques précédentes, mais j'imagine difficilement un enthousiasme plus sincère, plus ému et plus vibrant que celui que nous connûmes alors. Ainsi que le rappelait, dans une revue du temps, M. Jacques Duchange, Lacuzon était déjà célèbre parmi les jeunes. Discret, intransigeant et fier, il y faisait figure d'un Vigny ; aussi la parution d'*Eternité* était-elle attendue avec la plus vive impatience. Les premiers comptes rendus furent même établis d'après les quelques exemplaires qui furent mis en circulation de prime abord et que nous nous passions réciproquement. Il y avait une telle certitude dans les esprits, une telle foi dans l'œuvre nouvelle que tous ces comptes rendus débutent par une affirmation décisive.

« Un immensément beau poème vient de

paraître ! Son titre : *Eternité*. Son auteur : Adolphe Lacuzon, », écrit l'un, — « Un de ces livres qui, tous les vingt ou trente ans, élèvent la littérature et l'élite pensante au-dessus d'elles-mêmes », prononce un autre. — « Il n'est point de Sainte-Beuve pour propager immédiatement de pareilles productions qui, de loin en loin, rendent à la Poésie conscience de sa filiation divine », prononce un autre encore.

Or, rappelant ces faits aujourd'hui, je ne saurais me dispenser d'apporter ici un souvenir ému à l'un des plus fervents de ce groupe initial, au doux et pur poète Emile Boissier, emporté quelques années plus tard. En possession d'*Eternité*, avant que l'ouvrage ait paru en librairie, il le conserva devers lui, pendant plusieurs jours, l'emportant dans ses interminables promenades, et lorsque, rencontré par des amis, ceux-ci lui demandaient à voir le livre qu'il portait avec un tel soin jaloux, Boissier ne consentait à leur en montrer que la couverture et la dédicace, sous le prétexte puéril et charmant que la publication de l'ouvrage n'était pas encore officielle (*).

J'ai tenu à citer cette anecdote comme un témoignage touchant de ce que pouvait être alors, dans une âme fraternelle vraiment pure et éprise de beauté, l'attachement à la poésie. Hélas ! en est-il toujours de même aujourd'hui, dans les rangs des jeunes poètes ?

Si les vers d'*Eternité* étaient déjà dans la mémoire des jeunes hommes, la préface réservait une surprise plus directe. Simplement, fermement, dans un langage noble et sûr, sans aucune concession aux préoccupations d'à côté, Lacuzon exposait la situation de la Poésie française au début du siècle. Sans méconnaître l'apport des devanciers, il démasquait

(*) Autre fait, non moins touchant : un des jeunes poètes d'alors n'ayant pu, de prime abord, se procurer *Eternité*, et voulant en posséder le texte sans délai, en constitua immédiatement un manuscrit tout entier d'après l'exemplaire d'un camarade.

et condamnait les pires expédients de technique, de préciosité, où en étaient réduits, pour maintenir l'attention sur eux, les derniers commettants actifs du Symbolisme. Cinglant et ironique, il réclamait un art dégagé désormais de toutes ces compromissions. C'était la première fois que l'attaque était portée de front avec cette vigueur et cette netteté. Il n'en fallut pas davantage pour amener aussitôt une concentration des énergies, et donner à tous la confiance indispensable.

Un renouveau lyrique, épris de certitude, allait commencer.

Je n'entrerai pas ici dans un exposé complet de la préface d'*Eternité,* puisque, en réalité, ce sont les notions qu'elle apporta dans la jeune littérature qui alimentent l'argumentation générale de notre ouvrage. Cette préface a, d'ailleurs, été reproduite en détail maintes et maintes fois. D'autre part, pour l'intelligence de nos développements, le lecteur trouvera, à la fin de ce volume, un certain nombre d'extraits choisis parmi ceux qui ont été le plus souvent mis en cause, depuis leur publication première.

Je ne reprendrai donc ici que les passages les plus significatifs où Lacuzon s'est surtout attaché à situer et à circonstancier l'effort que nous étudions aujourd'hui.

Ainsi que je l'exposai plus haut, le scepticisme et le pessimisme agissaient encore puissamment sur l'inspiration des jeunes poètes aux premiers jours du siècle. Il flottait, par leurs œuvres, je ne sais quelle retenue, volontiers élégiaque, où le sentiment s'exprimait plutôt sur le mode de la confidence que par effusion lyrique.

Certes, il n'y a jamais de jeunesse sans activité, sans fièvre, sans emballements, mais ces états revêtent pour chaque génération, des caractères qui les différencient tellement de l'une à l'autre, qu'on ne peut les comparer. Au cas qui nous occupe, cette activité était, si j'ose dire, livrée toute au dilettantisme individuel. Elle était, à elle seule, sa fin.

Or, s'il est exact, ainsi que je le disais tout à l'heure, que, sous l'influence, affirmée ou non, du naturalisme persistant, quelques esprits s'efforçaient, en le tempérant d'un certain sentimentalisme à gros effets, d'en assurer une reviviscence un peu oratoire, il faut reconnaître qu'à cette époque, un Samain et un Charles Guérin donnaient le ton général de la Poésie, et que ce ton n'était pas précisément celui de l'enthousiasme sain et vigoureux, non plus que celui de l'affirmation et de la croyance. Une foi nouvelle, génératrice d'énergie et de volonté, était appelée, qui ne devait rien avoir de commun avec le vague humanitarisme des périodes précédentes, sans pouvoir davantage se confondre avec le retour résigné vers telle ou telle aspiration d'ordre confessionnel. Evoquant une jeunesse nouvelle, Lacuzon écrivait :

« La vie et l'humanité l'exaltent. Les grandes causes sociales d'aujourd'hui et de tout à l'heure propagent par le monde une inquiétude où la vitalité et l'énergie intellectuelles sont éperdûment sollicitées. Elle en a conscience, et, d'ores et déjà, semble vouloir répondre à cet appel qui lui vient de partout à la fois. Qu'ils parlent donc bientôt ceux dont la voix ne sera que de pure harmonie, et si le verbe humain doit reprendre parmi nous son hégémonie des siècles passés, que son évangile soit de simplicité et de sincérité !

« Mais, abusés par une telle devise, dont le sens apparaît si clair à première vue, ah ! combien vont-ils être de poètes nouveaux, enthousiastes à se réclamer d'elle, et croyant bien la pouvoir mettre en action sans effort ! L'affluence pourrait créer la discorde, car, après tant de poèmes versifiés péniblement, suivant un lacis de phrases compliquées, accablées de mots rares autant qu'impropres, l'on pensera qu'il est bien aisé d'être simple et sincère, et qu'il suffira d'un balbutiement attendri sur la nature, l'amour et les hommes, pour satisfaire à ce nouvel entendement de la poésie. Et l'erreur sera grande. »

Et il prévoyait tous les zézaiements de cette poésie qui vint à la suite d'un Francis Jammes et de quelques autres.

« Il est plus difficile, continue l'auteur, de s'absorber aux profondeurs de la pensée et du sentiment pour essayer d'en dégager le signe essentiel que d'en travestir et grimer les manifestations extérieures suivant une phraséologie de convention. D'ailleurs, pour atteindre un tel résultat, il faut connaître le recueillement — et savoir méditer. Or, nous ne le savons plus ; un certain automatisme mental dirige nos pensées, nos admirations sont de commande ou de contagiosité, et nos jugements sont tous d'emprunt. La simplicité reste confondue dans l'opinion publique avec l'indigence du vocabulaire ou la vulgarité de l'expression, et cet état de nos mœurs, constitue, dans le domaine de la pensée, une ignorance plus affreuse que le dénûment des mentalités primitives. »

Surélevée selon de telles acceptions, la poésie n'apparaît plus comme un jeu d'enfant, l'épreuve ordinaire du déniaisement intellectuel des jeunes hommes de lettres, ou une flânerie de songe creux. Elle devient la vertu des seuls prédestinés, de ceux-là qui, sans avoir besoin de se retirer au désert ou sur la montagne, savent méditer et connaissent la solitude...

« La solitude, qui réhabilite l'homme en sa grandeur native, et le recrée à lui-même ; qui lui fait apparaître toute chose sous l'aspect de l'éternité, et le met face à face avec cette causalité formidable dont il saura, lorsqu'il redescendra vers ses frères, emporter comme la parole donnée, soudain transfiguré, illuminé par la foi ! — Ah ! la foi, non pas la foi d'un quelconque dévot, d'une non moins quelconque religion, mais la foi qui nous atteste à nous-même ; la foi qui nous identifie à la nature, la foi qui nous impartit quelque chose de la puissance éternelle, celle qui assure la victoire aux conquérants et l'enthousiasme des foules à l'orateur de génie ; la foi qui accomplit des miracles ; la foi qui donne à l'homme *un point d'appui dans l'infini;* la foi qui est l'orgueil pur, qui est la volonté ; la foi qui est la force du monde, et qui fit dire à Gœthe, dans un superbe aveuglement vis-à-vis de nos fins dernières, que si les hommes sont morts jusqu'à présent, c'est qu'ils l'ont bien voulu ! »

Avouons-le franchement, il était temps que de telles paroles fussent prononcées !

Si l'on considère, dans son ensemble, la production poétique de notre littérature française, il faut remarquer que les expressions courantes « morceau de poésie, pièce de vers, etc... », se trouvent nettement justifiées. En effet, quelles que soient la signification et l'importance des chefs-d'œuvre que nous ayons à examiner, toujours il s'agit d'un sujet particulier, d'une idée, d'un sentiment, d'un état d'âme déterminés mis en ode, en tableau, ou en couplet, autrement dit d'un aspect quelconque de la vie que l'auteur isola afin, semble-t-il, d'en faire mieux saisir la réalité intrinsèque.

Le plus souvent même, le sujet est localisé, et lorsque l'œuvre atteint quelque longueur, nous nous trouvons en présence, ou d'un exposé didactique, agrémenté de technologie, ou d'un récit en un ou plusieurs chants. Vigny lui-même n'échappe pas à la loi commune, et chacun de ses admirables poèmes comporte une anecdote génératrice ou un motif spécialisé..

La tentative était donc hardie au plus haut point de rompre enfin avec cette tradition. Il ne s'agissait rien de moins, en effet, pour Lacuzon, que d'exprimer l'homme total, au milieu de l'univers total, de manière que chaque frisson de l'être, chaque vibration, se trouvent, à travers la chair et l'âme, en accord avec le rythme universel.

A cette condition seulement se pouvait reconstituer l'unité spirituelle du monde ; la diversité de la vie réintégrait la continuité de celle-ci, et la croyance du poète s'élevait aux caractères de la foi.

On comprend dès lors l'immensité d'un effort qui devait ainsi ramasser et synthétiser tous les aspects de l'existence, pour les ramener en un même état d'émotion résolutive. Toute incertitude, toute défaillance, était susceptible de rompre cette émotion, et le triomphe de telles difficultés ne se peut sans doute expliquer que par des moyens naturels de mise en œuvre, vis-à-vis desquels la seule obstination serait sans efficacité. Tous les familiers de Lacuzon savent, en effet, que l'auteur d'*Eternité* travaille mentalement toujours. Il ne lui arriva jamais d'établir un manuscrit que pour livrer son travail aux mains de l'imprimeur (*). Toutes les ratures se font dans sa mémoire, et grâce à la prodigiosité de celle-ci, il a la possibilité de maintenir toujours présent à son esprit, et dans la multiplicité du détail, tout l'ensemble de son œuvre. C'est ainsi que se réalise cette merveilleuse concordance où l'émotion reste toujours vibrante et communicative, où chaque vers, chaque strophe, quel que soit leur éloignement les uns vis-à-vis des autres, se présentent toujours en fonction du tout. Qu'il descende aux profondeurs de sa conscience, pour y écouter les plus subtils émois, ou qu'il s'élève aux conceptions les plus hautes pour atteindre à la vie des astres, le poète reste toujours, quel que soit le sentiment exprimé, l'homme total au milieu de cette conscience universelle dont son œuvre harmonieuse semble la contre-

---

(*) J'ai l'horreur du travail de composition, la plume en main, déclare-t-il ; lorsque arrive le moment de la page d'écriture j'ai envie d'aller me coucher.

empreinte. Le frémissement de l'existence est en lui, et il est en elle. Le rythme, par le passage de l'individuel à l'universel, en réalise l'identification constante, et cet état de communion me semble la définition de la foi la plus sûre qui ait jamais été donnée.

C'est ce qu'a établi *Eternité*.

A ce titre, l'œuvre qui nous occupe est unique dans notre littérature française.

Je n'entreprendrai pas de résumer ici ce poème. Je crois même que le fait en serait impossible. L'auteur ayant ramené sa pensée à l'extrême limite de la condensation expressive et émotionnelle, toute interprétation n'aboutirait qu'à l'amoindrir. C'est qu'en effet, chez Lacuzon, le vers donne à ce point l'expression du définitif, que nous devenons aussitôt prisonnier de l'image et du rythme, et qu'il faut nous résoudre à penser avec eux. Au demeurant, rien ne prévaut contre les citations, lorsque celles-ci, quel que soit le passage où elles sont empruntées, retiennent l'unité de l'ouvrage. Avec *Eternité*, la tâche nous sera facile.

Je l'ai rappelé, par delà les dogmes, la hantise du poète est l'affirmation de la foi solidarisatrice éternelle des hommes. Dans une sorte d'introduction votive, il l'expose aussitôt :

> J'invoquerai ton nom, comme un plus sûr présage
> Pour éveiller la foi qui gît au cœur des hommes,
> Présage d'humble amour et secret témoignage
> De la communion des croyants que nous sommes.

Or, disons-le tout de suite, dans notre littérature, et jusqu'à présent, lorsque le poète s'élève aux plus hautes conceptions de la pensée, il semble communément qu'il doive dépouiller tout ce qui lui paraît indigne d'une telle ascension ; en proie à l'esprit, il ne sait plus le frisson dont sa chair se troubla l'instant auparavant ; il plane, il voit grand, il domine, mais, hélas ! il n'a emporté avec lui que son imagination. Comme on perd de vue le sol, il a perdu de vue sa condition d'homme; il s'est dédoublé; il a abandonné sa nature première, et c'est ce qui nous démontre pourquoi tant de belles envolées auxquelles nous accordons la sublimité, nous laissent, malgré tout, l'impression de quelque chose de faux et de conventionnel. Ce qu'il y a d'humain en nous leur demeure étranger, et pour peu que notre humeur se trouve encline à quelque franchise, un mot nous arrive et nous absout du péché de mal comprendre : c'est de la rhétorique, disons-nous.

Lacuzon a compris ce travers traditionnel qui s'accuse souvent jusque chez les plus grands maîtres. Aussi, dans *Eternité*, a-t-il voulu que rien ne s'élevât de l'âme du poète qui ne participât en même temps du frisson même de sa chair. Et, mieux, il a voulu que cette participation fût commune aux frémissements de l'être que la destinée a placé aux côtés de l'homme. Et c'est ainsi qu'une adorable présence de femme emplit le poème. De temps à autre, sur un fond de clair obscur où tremble une lueur d'étoile, un dessin suave nous en découvre les attitudes à la fois simples et graves, amoureuses et câlines. Aucun propos n'est échangé. Et je ne sais rien de plus troublant que ce silence où s'opère, de la chair de l'homme à la chair de la femme, cette transfusion réciproque de la pensée et du rêve, dont l'élan va grandir immensément tout à l'heure pour atteindre à la communion dans la vie universelle. Et songeant aux hommes, à qui il a voué son effort de bonté, le poète prononce en son âme:

> Je reverrai leurs yeux ennoblis d'une attente,
> Et sur le fond du soir où, tels qu'en mon poème,
> Toi dans mes bras blottie et tout bas sanglotante,
> Je t'offris à la nuit qui nous fut un baptême.
>
> Pieux, et retrouvant sa légende à la terre,
> J'évoquerai pour eux, en signe de pardon,
> D'une ligne imprécise où s'inscrit du mystère,
> Le profil de ta grâce et de ton abandon...
>
> Et dès mon livre ouvert, ce sera ton image
> Que les plus purs peut-être, et les simples de foi,
> Regarderont longtemps sans tourner l'autre page,
> Ignorants de mon art qu'ils sauront mieux par toi...

ÉTERNITÉ

Mais le dessein profond et vaste qui l'anime,
S'il doit se dérober à leur émotion,
Par la vertu du rythme où j'empreindrai mes rimes,
J'en veux transfigurer la révélation !

Et voilà que le sentiment de sa force le pénètre tout entier. De cette pensée attendrie un élan plus sûr encore a jailli, et il affirme dans le calme et la sérénité de la certitude.

Car mon vers qui se nombre et mon chant qui s'éploie
Dans la splendeur d'un songe éternel où j'ai pu,
Mon front dressé dans l'ombre à l'appel entendu,
Suivre avec le destin le monde sur sa voie ;

Ma vie et sa ferveur, mon geste et sa fierté,
Et tout ce qu'avec eux j'enseigne et balbutie,
Ne sont que pour grandir jusqu'à la prophétie,
Le règne tout puissant de mon vœu de beauté !

J'aurai pour l'annoncer l'accent des certitudes,
Car c'était, loin de toi, quand si souvent j'ai fui,
Pour demander au Dieu qui parle aux solitudes,
Si le signe à mon front fut bien marqué par lui (*).

(*) C'est ce sentiment de certitude, à la fois impérieuse et sereine, que nous retrouverons à chaque ligne de l'ouvrage, sentiment qui devait si fortement impressionner la nouvelle génération à une époque où la peur d'affirmer et l'indécision se dissimulaient sous les singularités du langage et l'obscurité de la pensée.

Ainsi, le poète d'*Eternité* a pris le rêve humain dans l'humble amour. Il l'a évoqué au desserrement d'une étreinte, après l'anéantissement de la chair, dans la complicité d'un soir. Il l'a fait s'agenouiller et méditer aux portes de l'ombre et de la mort pour le conduire ensuite jusqu'en ses fins dernières : l'action humaine. Il le suivra à travers celle-ci, par l'humanité tout entière, au sein de ses luttes, de ses désastres, de sa barbarie, parmi son héroïsme, sa gloire, ses passions, sa douleur et sa pitié. Il le fera planer au-dessus de l'histoire du monde et, de ses strophes, il lui concevra, sur la cime des temps futurs, cet autel de lumière où il communiera, dans la pensée et la force universelles. Puis, au frisson d'une autre étreinte, il en ressaisira le souffle épars, et dans le cœur de deux êtres enlacés — dans l'humble amour — il en remettra tout l'infini.

Et tout cela est conçu suivant une affabulation merveilleuse, dans une langue très sûre, avec une profusion de vers magnifiques, où les images se déroulent dans une vision sans cesse intensifiée par l'éclat des couleurs et la netteté des contours. Un souffle immense anime cette œuvre d'un bout à l'autre, et parfois donne à ce point la sensation du vertige que l'on souhaiterait rencontrer quelques défaillances véritables pour accorder à l'esprit une détente bienfaisante.....

Ils sont aux pieds du silence et du soir qui gagne. En quels lieux, en quels temps ? Là est le prestige de l'œuvre ; le lecteur les voit, les précise ; il entend leur pensée, il voit monter leur âme, il assiste à l'illumination prophétique de la nuit, et nulle anecdote n'a localisé leur présence et leur milieu. Ils sont, dans le temps, affranchis du temps. La grande émotion sidérale va les envelopper l'un et l'autre ; chacun suivant la condition de son être, ils vont en subir l'emprise mystique et poignante.

> On eût dit que notre âme au grand silence unie,
> Et sur la paix du monde en prière avec lui,
> Vibrait par l'univers dans sa propre harmonie,
> Et que c'était en nous que s'inspirait la nuit...
>
> . . . .
>
> Et longtemps, tous les deux, nous fûmes à nous taire,
> Laissant s'ouvrir à nous, dans de pareils instants,
> Le ciel mystérieux et la nuit légendaire,
> Et la mort nous parler comme à deux grands enfants...

Quels vers, avec plus de plénitude et de douceur à la fois, ont jamais rendu ce sentiment de la vie universelle se confondant, au fond des âmes, avec le soupir de l'être en qui semble ainsi se résoudre toute l'aspiration humaine ?

Or, c'est ici que Lacuzon va élucider, avec un choix d'expressions indicibles, cette différence, non de degré, mais de caractère, qui existe dans l'émotion éprouvée par le poète et sa compagne. La douce Eva a entendu, comme lui, la grande voix du silence, mais le trouble est resté aux profondeurs de son être pour s'y muer en un immense besoin de tendresse. Le poète l'a senti, et il dit : Mais toi, doux être, toi qui d'un souffle tressaille...

ÉTERNITÉ

L'épreuve t'accabla dans ta ferveur de femme
Où tout est vœu terrestre et prompte effusion,
Et détresse à ton cœur quand s'exaltait ton âme,
En contraignit l'élan dans une obsession.

Et lorsque tu voulus ressaisir ta pensée,
Puis d'un geste vers moi, recouvrant ma caresse,
T'y glisser, t'y blottir, pour m'entendre, et que cesse
Cet exil de silence où je t'avais laissée,

La grande Empérière investissait ton être,
Et t'ayant ravi l'âme en ton rêve attendri,
Brisait dans sa prison — ta chair qui le fit naître —
Ton pauvre amour mortel affligé d'infini.

Car elle aussi a subi, jusqu'à l'angoisse, ce mystère de l'existence et de l'aspiration obscure des mondes, ce mystère qui nous étreint de toutes parts, et qui, parfois, alors que l'âme est ivre,

Nous oppresse en secret comme un grand désespoir

Une souffrance inconnue l'a prise, dont elle ne sait pas le sens ; elle s'en effraye, elle n'a plus qu'un refuge, et son émotion va se fondre en sanglot.

Et ce fut dans ton cœur qui ne comprenait pas
Un tel vide où tu crus son appel sacrilège,

> Que dans ton dénûment n'ayant plus que mes bras
> Tu te jetas sur moi pour que je te protège.
>
> Je ne t'appris jamais quel mal nous vient ainsi,
> Mais lorsque entour tes seins tu sentis ma main prise,
> Il fallut qu'un sanglot te soulage et me dise
> Avec tout ton amour toute ta peine aussi.
>
> Oh ! cet instant, et nous ! cet élan d'instinct fruste
> Qui dans mon bras plus fort fut l'abri de douceur,
> Où tu te fis petite afin d'y tenir juste,
> Sauve du grand mystère où ta pauvre âme eut peur !
>
> Je t'étreignis, je te berçai, pour m'abreuver
> De ton sanglot, doux être, en voulant l'interrompre,
> Et c'était moi, sais-tu, dont le cœur allait rompre
> Qui ne pouvais rien dire à force d'éprouver....

J'ai tenu à citer ce passage en entier. Aucune paraphrase n'en saurait rendre la tendresse émue, vibrante et si humaine, et le dessin si pur.

Oh ! cette étreinte où la chair a parlé pour s'unir à l'âme, cette étreinte où la réalité du désir s'est spiritualisée en ferveur et en adoration.

> Ma bouche, en mots confus, et d'un souffle qui frôle,
> Sur ta nuque égarait sa tendresse, et toi même,
> Succombante, et cachant ton front sous mon épaule,
> En te haussant vers moi redisais que tu m'aimes.

ÉTERNITÉ

Le désir fut en nous comme la clarté monte.
Tu renversas la tête, et cambrée à demi,
M'ouvrant tes yeux nouveaux comme d'avoir dormi,
Tu souris au regard qui trahit ma chair prompte.

Mais l'appel muet de l'être à l'être demeurera sans transport. Au travers d'une larme, une lumière inconnue apparaîtra dans les yeux de l'aimée. Et dans cette lumière qui rend si beaux les yeux de l'amante éprise et défaillante, le poète verra se résoudre, dans un même désir de vie et d'anéantissement, cette antithèse même de l'amour et de la mort:

Normé du rêve unique et de la vérité.

Il faut lire, dans le texte, tout ce fragment pour se rendre compte de ce qu'il renferme de grandeur pathétique et de beauté neuve et hardie. Le poète a mis dans un regard de femme toute l'énigme de l'existence humaine et de l'univers, pour l'exprimer en une immense extase de foi. L'aimée a succombé dans son étreinte ; elle a clos ses yeux ; mais lui, un instant gagné à cette langueur où la vie et la mort les tiennent enlacés, s'est ressaisi soudain, ivre d'avoir souffert toute l'angoisse de l'existence à travers son amour triomphant.

> Mais, ô réveil du sang dans ma chair la plus forte !
> Et bientôt, ma joie âpre, et cette émotion
> De vouloir davantage en t'imaginant morte,
> Me faire ainsi du mal avec l'illusion !

Les douces paupières se sont rouvertes. Un sourire ineffable emplit le beau visage où reste un peu de pâleur. Un grand silence se fait alors. La nuit semble les envelopper davantage. Ils se taisent. Leur âme s'est tout dit, à travers l'âme du monde. Adorablement tendre, l'aimée s'est blottie plus près du poète.

> Puis ton front se tourna tout contre ma poitrine,
> Et vite ensommeillée en ton plus cher berceau,
> Lorsqu'à mon cou céda ta main lasse et câline,
> Je ramenai sur toi le pan de mon manteau.

※
※ ※

Et le poète reste seul à penser. Du contact de cet être abandonné dans ses bras, de l'émotion immense dont ils restent tous les deux imprégnés, il sent sourdre une puissance nouvelle.

Et son rêve s'exalte, ivre de certitude :

> Et mon rêve monta prier parmi les astres,
> Tout un hymne éclatait dans le firmament bleu,
> Et l'ombre édifiait, dérobant ses pilastres,
> La cathédrale immense où célébrait un dieu.
>
> Ma croyance ingénue attendait un prodige,
> J'avais l'âge du monde et sa candeur première,
> Et mes yeux éblouis s'obstinaient au vertige,
> Comme vers un autel perdu dans la lumière.

Et la vision du monde s'impose à son esprit. Il y a dans son âme tant de ferveur ; sa chair s'est à ce point unie à sa pensée, que le frémissement de la vie universelle passe dans tout son être. Il sent que tout le savoir des hommes, depuis le commencement des âges, n'est plus en lui qu'émotion pure et qu'il le peut saisir dans son immensité. Et c'est alors que commence cette inoubliable invocation à la nature où le poète confronte toute l'activité des siècles à son acte de foi.

Or, ici, le sujet embrassé est tellement vaste que les procédés ordinaires de représentation ne suffisent plus. Le récit doit être exclu ; la description ne saurait, en s'attachant au détail, aboutir qu'à l'amoindrissement. Il faut procéder par fresques mouvantes, et l'amplitude de celles-ci demande au poète d'user des raccourcis les plus puissants. Tout ce qui présente un caractère accidentel doit être ramené dans sa ligne génératrice et s'y fondre. Et c'est ainsi que Lacuzon édifie ses magnifiques symboles « par transmutation de notions ».

Dans leur multiplicité infinie, les aspects de la vie, d'un domaine à l'autre, se pénètrent et s'éclairent ; leur dynamisme s'intègre dans une évocation grandiose où, toujours, s'annonce un nouvel élan qu'un autre élan appelle encore. Et la lumière jaillit dans le mouvement. Le continu de l'existence se reconstitue dans l'âme du lecteur ; l'individuel passe à l'universel ; la vision rapide devient obsédante ; les lignes se précisent, « la puissance

ÉTERNITÉ

« des couleurs, la violence des ombres et
« l'éclat soudain des lumières les précipitent
« en vertige ». Et la transfiguration s'opère :
la poésie devient révélatrice.

Dans cette partie de l'œuvre, nous ne pouvons que prendre au hasard nos citations. L'enchaînement des strophes et leur mouvement sont d'une puissance telle ; il existe d'un bout à l'autre du poème une telle intensité de vie et de pensée, qu'il est impossible d'en suivre le déroulement en dehors du texte. Il faut donc nous résigner à ne donner que des fragmentations sans espérer reconstituer l'atmosphère vibrante où se meut la vision du poète :

O nature, permets que ton ciel clair m'enseigne !
Dis-moi, par cette nuit qui fit mon cœur plus grand,
Si la blessure au sein dont l'humanité saigne
Ce ne fut pas l'amour qui l'a faite en entrant ?

Et si tous ces tourments, ces regrets sans raison,
Ces besoins d'expier jusqu'à l'espoir lui-même,
Ces soupirs, ces langueurs implorant le pardon
D'un crime insoupçonné qui resta sans baptême ;

Si tous ces maux confus qu'une âme réfugie,
Jusqu'au sein du bonheur avivés tour à tour,
Ne nous traduisent point par une nostalgie,
Le remords sans péché de survivre à l'Amour ?

En quelques vers, suivant des raccourcis d'une puissance incomparable, là où d'autres poètes trouveraient matière à des poèmes entiers, il évoque la formation des mondes, la formation de l'humanité,

La ténèbre première absorbe encor l'espace,
Imprescrite, elle est une, et par l'immensité,
Où rien ne luit, où rien ne bruit, où rien ne passe,
Tient les astres figés dans son opacité.

Les hordes primitives se dégagent de la nuit :

Craintifs, de lourds géants se découvrent ; leurs torses
Sont ployés, et leurs pas trébuchent dans la nuit,
Mais lorsqu'enfin, ils vont, dressés, sûrs de leurs forces,
La horde frémissante en tâtonnant les suit.

Des tigres, des lions, et des chiens faméliques
S'en viennent derrière eux et rôdent à l'entour,
Et c'est, dans le vent noir, ruant ses fronts obliques,
L'humanité farouche en marche vers le Jour !

Les premiers campements s'estompent dans les lointains :

C'est le temps des pasteurs et des tribus errantes ;
Drapés de leurs manteaux que la lune prolonge
De vieux pâtres ont lu dans l'or des nuits vibrantes,
Le signe de l'amour et le signe du songe.

Des villes dressent leurs silhouettes de remparts :

Sous les reflets blafards qui tombent des lanternes,
Par la ruelle torte en couloirs dans l'enclave,
Ils vont, couvant la fièvre au fond de leur œil cave,
Et les calamités se glissent aux poternes.

Puis, les religions rédemptrices apparaissent ; des prophètes surgissent, et, là-bas, c'est le Christ dans cette touchante image :

Et là-bas, sous ce vol séraphique et ces palmes,
Si triste dans son nimbe où ses yeux semblent clos,
Et de miséricorde étendant ses mains calmes,
C'est Jésus le plus doux qui marcha sur les flots...

Voici encore les splendeurs de l'Orient qui s'exténue et meurt aux langueurs des terrasses :

...La volupté s'éveille aux lamentos des flûtes,
L'esclave dont les flancs ondulent se balance,
Et l'écharpe au vol clair se convulse en volutes
Au bout des bras légers qui s'arquent pour la danse...

Puis les invasions des Barbares, arrivant de la nuit qui soudain

> A grands flots chevauchant sous les vents qu'elle appelle
> S'est ruée au travers des cieux étincelants,
> Et sinistre, roulant des peuples dans ses flancs,
> Couvre les horizons qui marchent avec elle...

Mais ne disais-je point qu'il faudrait tout citer de ces fresques somptueuses ? Dirai-je encore ces strophes, d'un mouvement superbe :

> ... Je vois s'enfler la voile au fond de l'estuaire,
> Puis, derrière, au lointain, du côté de la plaine,
> Surgir, fondre et passer, l'ouragan pour haleine,
> Dans l'éclaboussement du sang crépusculaire,
>
> Et droits sur leurs chevaux cabrés qu'un rut enlève,
> Tes grands conquérants noirs, au profil surhumain,
> Qui déployant leur geste avec l'éclair d'un glaive,
> Engouffrent dans la nuit leurs cavaliers d'airain !

Et encore :

> ... Je vois la pompe errer du sceptre au tabernacle,
> La splendeur flamboyer aux palais des cités
> Dont l'oriflamme au vent claque sur les pinacles,
> Je vois la pourpre et l'or et les prospérités !...

Maintenant, c'est la fin des empires, l'apos-

tasie ; les patriarches chassés par les tribuns,
et qui, outragés aux conciles,

> Entraînent dans leur robe où choit leur pas sénile
> Les grands flambeaux éteints qui roulent sur les marches,

Et plus loin, cette strophe où s'évoque, dans sa couleur si particulière tout le Moyen Age :

> Le passé fantômal qui pleure en longs arpèges,
> Promène aux vieux créneaux son âme revenante,
> A l'heure où les sorciers, dont le doigt croche incante,
> Dans les fossés des tours cherchent leurs sortilèges...

Mais une lueur a frémi sur les lointains :

> Et sur les horizons blanchis d'aubes lustrales,
> Monte, profil d'un cri, qui de bourg en cité,
> Tout en roc et granit se fut répercuté,
> L'hymne piaculaire et fier des cathédrales !

Enfin, terminerai-je cette fresque par cet autre fragment, où s'inscrit, dans une incomparable sûreté de rythme et d'expression, tout le problème de la destinée, de l'amour et de la pitié ?

> Ah ! pourquoi tout cela, la révolte et son crime,
> Et toujours la vindicte à son geste impuissant,
> Si ce n'est pour noyer dans un spasme et du sang
> Ce sanglot d'espérance à jamais qui l'opprime !

Ce sanglot que longtemps il contient sur sa couche,
Mais qui, trop gros d'angoisse, un jour, et plein de fiel,
De son cœur ulcéré lui remonte à la bouche,
Et fait de sa prière un blasphème à ton ciel.

Ah ! que réclame-t-il dont tu lui fus avare ?
Ce n'est point pour le pain qu'ont trahi ses semailles
Que ricane à ses dents cette âpreté barbare :
Son tourment, né d'ailleurs, n'atteint pas ses entrailles.

Mais c'est lui dont sans fin tu le voulus poursuivre,
Lorsque dans sa pensée éveillant ton mystère,
Tu créas, par delà son morne instinct de vivre,
La superstition du bonheur sur la terre.

De ce bonheur lointain dont parlent les étoiles,
Et dont tu lui jurais que rien ne désappointe,
Lorsqu'il en croyait voir errant parmi tes voiles
Le présage éternel flotter vers ses mains jointes...

Et dont le pressentaient ta douceur infinie
Dans tout ce qui s'éveille aux souffles du printemps,
Et ta voix et tes chants, ta sauvage harmonie,
Et sa langueur étrange à t'écouter longtemps...

Et dont l'amour enfin parla, voulant qu'il pleure,
Lorsque dans ce transport qui clôt sa volupté,
Tu permis qu'un instant toute sa chair se meure,
Pour éblouir son âme à ton éternité,

Mais pour qu'alors, brisé d'un tel ravissement,
Et sa dernière étreinte expirant dans un râle,
Il retombe au néant du recommencement,
Le signe du destin marqué sur son front pâle ! (*)

(*) On remarquera, dans ces dernières strophes, comme

Et la vision grandit toujours : « Une immense pitié, jusqu'à l'angoisse accrue » a gagné le cœur du poète. Une fresque nouvelle se déroule, puissante, tragique, sous d'éblouissants éclairs :

Et les temps accomplis s'éclairaient sur les cîmes.

Les âges se profilent dans l'avenir. Les révoltes, les anarchies, les révolutions projettent leurs rougeoiments sinistres :

Les temples dévastés croulent sur leurs pylones ;
L'autel est fracassé par une main hardie,
Et sur les murs noircis des vastes babylones,
Passent, s'échevelant, des torches d'incendie !

Vois, l'ouragan prend feu qui vient des capitales...

d'ailleurs en maints endroits du poème, avec quelle grandeur émouvante, faite à la fois de sûreté dans l'expression et de réalité chaste, le poète a su évoquer les gestes de la chair. De tels exemples ne s'étaient pas rencontrés encore dans notre littérature poétique où le cri superbe des sens est toujours voilé sous de lamentables périphrases, sinon travesti en érotisme.

Puis c'est l'aurore invoquée par les contempteurs des siècles révolus, et le vers lacuzonien sonne avec la gravité de l'airain :

> L'aurore, — illusion sereine, avènement
> De la vie aux confins des époques lointaines,
> Vers qui restent tendus, infatigablement,
> Les bras de la misère et des douleurs humaines !
>
> L'aurore, — porte en feu des paradis futurs,
> Vers qui, terrifiante et suprême vautrée,
> Se rueront pour mourir tous les peuples impurs,
> En renversent les dieux qui gardent son entrée !
>
> L'aurore, — dont le sage et les vieillards ont peur,
> Mais dont les jeunes gens qui sont nés avec elle,
> Pleins d'audace, et raillant l'ancestrale stupeur,
> Portent le reflet d'or au fond de leur prunelle !

Mais, hélas ! le mal de l'existence a grondé au cœur des peuples ;

> Et le monde a frémi dans sa torpeur d'entendre
> Comme une agression ce cri des violents,
> Et tandis qu'il s'éveille et ne peut pas comprendre,
> La haine originelle arme des bras sanglants.
>
> Et le rire féroce éclate après l'insulte ;
> La terreur veille aux nuits et consterne les jours,
> Et la foule qui gronde et se lève en tumulte,
> Avec des cris de mort se rue aux carrefours !

Et le poète imagine une désagrégation momentanée de l'humanité. Sous les arches en feu des anarchies et des révolutions nouvelles, les races passent et s'exterminent ; et, pour un temps, les ténèbres retombent sur le monde. Et le poète reste seul. Dernier survivant, il est le dernier voyant. La connaissance intégrale du monde est en lui. Elle s'est transmuée en émotion.

> Et rien n'existe plus, spectre, vestige ou plaintes
> De ce qui fut la vie et les siècles vengés,
> Sous l'horreur qui s'épanche à flots des nuits éteintes,
> Que le Mystère et toi — qui vous interrogez.

Il vit le monde, il pense le monde. Il semble que son âme, aux espaces béants,

> Propage un long frisson qui renaissant s'éloigne
> Et comme une onde expire à l'infini des temps...

Est-ce là la fin du rêve ? Cette connaissance qu'il a appelée de tout son effort est-elle l'aboutissement de tout ce que l'humanité a conçu, dans l'angoisse et le tourment de vivre?

Toute vie est en toi, dernière et misérable,
Et la mort sur ton cœur sonne comme un heurtoir,
Et ton cœur dit qu'elle entre à la mort secourable
De qui la terre est morte avec le vieil espoir.

Mais non, une lumière nouvelle s'annonce à présent sur le monde ; il semble qu'il en soit le flambeau prophétique ; l'avenir tressaille sous la lueur rédemptrice ; l'existence s'éveille là-bas, où la croyance a fleuri (*).

Et ton âme, voix grave où le verbe s'élève
Au rythme créateur dont ton œuvre a chanté,
Prononce l'univers dans son ubiquité,
Et le destin du monde est inclus dans ton rêve...

Mais regarde, regarde au loin, regarde encore !
Tout là-bas, n'est-ce point d'éblouissants mirages,
Et sur l'écroulement tumultueux des âges,
N'as-tu point vu grandir, parmi l'antique aurore,

Une auréole immense, où paraît, jeune et beau,
Et si semblable à toi, qu'après tant d'ères closes,
C'est ton frère ou toi-même évoqué du tombeau,
Un Poète qui chante à la douceur des choses !...

(*) Un manuscrit sur parchemin, reproduisant ces citations, a été scellé, avec quelques pièces de monnaie, au millésime de 1902, dans un évidement pratiqué à cet effet au sein de la pierre du monument de Charles Baudelaire, érigé au cimetière Montparnasse à Paris.

ÉTERNITÉ

Et c'est comme une attente augurale, et tu souffres,
Croyant ouïr encor — tant le silence écoute —
Les siècles haletants, cabrés au bord des gouffres,
Où le néant rentra pour leur barrer la route...

Mais tu sais à présent les cycles révolus,
Et dans l'extase étrange où ton émoi s'achève
La force universelle et brutale n'est plus
Qu'un souffle harmonieux descendu sur ton rêve.

Un charme l'a soumis à son dessein suprême,
Et selon la ferveur nouvelle qu'il te prête,
Pour qu'elle communie au plus pur de toi-même,
L'a faite humble et chantante aux lèvres du Poète !

... Ton front semble grandir ; tu regardes, tu pries,
Alors qu'un sentiment dont ton cœur s'est rempli,
Fait de joie et d'orgueil sanctifiés, te crie
Qu'enfin le vœu du Verbe en toi s'est accompli !

Car ton âme a vibré dans l'espace et le nombre,
Et la vie et ton rêve ont été confondus,
Durant ce spasme immense où les temps suspendus
T'ont montré l'infini — sur qui fuyait leur ombre.

Et monte ta croyance avec ton vœu de vivre !
La conscience règne où le mystère a lui,
Et, sensible à ta foi, la Vérité se livre
Au grand rythme éternel qui la dérobe en lui ;

Au rythme, expansion première, et loi des causes,
Genèse, norme, et vie, et resplendissement
De l'aurore et des nuits au clair des firmaments;
— Qui régit ton poème impliqué dans ses clauses,

Et qui, flux et reflux d'insaisissables ondes,
Propulse, effort ultime, et gravité, dirige,
Sur des orbes précis, frayés dans du vertige,
Le fulgurant essaim des astres et des mondes !...

. . . .

*
* *

Ainsi, sur la cime des temps futurs s'accomplit cette communion immense qui unit les siècles aux siècles, l'homme à l'univers et l'univers à l'homme. L'individuel passe à l'universel. Le discontinu, l'accidentel, rentrent dans le continu de la vie dont le poète, en un instant de grâce et de clarvoyance suprêmes, a connu la possession émotionnelle.

Le ciel miraculeux est plein d'efflorescences,
On dirait qu'annonçant ses divines paroles,
Des gestes par l'azur rénové de croyances
S'allument d'astre en astre et tracent des symboles.

Son verbe, sûr désormais d'être d'accord avec ce rythme universel qu'il a chanté, renfermera toutes les possibilités de l'affirmation.

De par l'élan de sa force et de sa volonté, désincarné de son être pour aller s'unir aux frissonnements des nuits, il redescendra au cœur des hommes. Et par la vertu des hymnes où il en inscrira la toute-puissance révélatrice, il sera l'annonciateur du rêve imprescriptible, générateur d'amour, d'enthousiasme et de croyance, — et de beauté.

Mais, de cette œuvre grandiose, il ne dissociera pas sa condition d'homme. Emporté aux sommets de l'esprit, il restera frissonnant de tout ce que sa chair a mis en lui d'émoi et de réalité terrestre. L'élan de son hymne repassera par le frisson de ses fibres. De l'attendrissement où il puisa sa force première, il prendra un essor nouveau, car il sait que l'âme habite la chair, et que l'humanité ne retrouva jamais sa grandeur que dans les cris qui, jaillis de ses entrailles, allèrent s'unir à l'émotion supérieure dont s'emplit l'immensité, pour retomber ensuite à flots sur nous, avec la prière des astres :

Ainsi se déroula l'immense prophétie,
Rêve, espoir et clarté, trinité que je vois,
Et qu'à mon tour j'enseigne et que je balbutie,
Mais toi, dont la voix douce en annonça la voix,

Calme, tu reposais au creux de ma poitrine,
Tiède et souple fardeau de grâce et de langueur,
Cependant qu'à mon cou restait ta main câline,
Ta tête sur l'abîme où résonnait mon cœur.

Je regardais flotter tes cheveux sous la brise,
Mais la sérénité, troublante et lumineuse,
Que sur ton front d'enfant la nuit chaste avait mise ;
Ton souffle, sa douceur, tout ton charme d'heureuse,

Ajoutèrent soudain, dans ma ferveur mystique,
Tant d'angoisse à la fois et tant de vérité,
Que j'étreignis ton corps, tremblant et frénétique,
Effrayé d'être seul devant l'Eternité !

J'aurais voulu ajouter quelques mots sur la forme du poète, mais, devant de telles réalisations, on comprendra qu'il soit inutile d'insister sur des questions de prosodie dont la signification apparaîtrait sans importance (*).

(*) Je ne m'arrête pas davantage au sujet de l'affranchissement des règles parnassiennes. L'alternance des

La fin ici justifie les moyens au-delà de toute expression, et je ne parlerai que de la construction interne de la strophe et du vers, parce qu'elle me semble caractériser au plus haut point la manière même du poète. Le rythme lacuzonien constitue en effet ce qu'on a appelé depuis le vers dynamique. Si l'on examine les strophes du poète qui toutes, se pénètrent et s'enchaînent dans un même élan, on remarquera que ce rythme atteint la réalité mouvante de la vie, sans que jamais celle-ci soit immobilisée dans le cadre d'un tableau ou d'une description.

C'est cependant ce qui se manifeste dans un grand nombre d'œuvres de notre littérature. Qu'on les regarde de près, et l'on verra que l'image y est en quelque sorte statique ; elle est fixée dans un décor, et ce qui nous fait illusion n'est jamais qu'un mouvement oratoire,

rimes masculines et féminines, le jeu des césures, la rime orthographique sont ici transgressés pour le plus grand bien du mouvement lyrique.

de caractère verbal. C'est, qu'à la vérité, le rythme dynamique ne peut emprunter sa force qu'au mouvement même de l'inspiration, et non de la pensée analytique ou discursive.

Que la moindre défaillance se produise, qu'une expression demeure incertaine, qu'un mot soit déplacé, et le lyrisme tombe à faux. L'émotion est rompue. C'est le lecteur qui reconstitue la trame du vers, qui supplée intellectuellement à l'enchaînement de l'idée. Et il ne nous reste plus que l'impression d'avoir deviné l'intention de l'auteur.

A l'encontre de ces procédés, le vers de Lacuzon s'impose à notre mémoire et l'obsède ; le mot juste arrive au moment précis où il était désiré, son expression fait corps immédiatement avec ce qui suit ; l'émotion reste suspendue au mouvement des strophes, et dans l'âme du lecteur, l'unité de l'œuvre retentit comme au travers d'une symphonie immense où les accords se prolongent en harmoniques infinis. Mais, ici, nous touchons au don du poète, et toute analyse reste impuissante à l'exprimer.

Il nous aura suffi de le signaler pour qu'on en conçoive toute l'importance au point de vue du génie français, dans sa vertu émotionnelle et persuasive.

Telle est cette œuvre, dont le retentissement devait être si considérable dans les esprits, et qui, en dépit du désintéressement de l'auteur et de sa résistance légendaire à livrer ses écrits, allait déterminer une si grande activité dans la jeunesse nouvelle et provoquer tant de travaux de toutes sortes. « Ah ! lorsqu'on saura tout ce qui est sorti de ce livre ! » s'écriait Jacques Roussille en publiant son *Essai sur l'Intégralisme*.

Et pourtant, encore qu'elle soit célèbre aujourd'hui, j'avancerai que cette œuvre n'a peut-être pas été toujours comprise dans son ampleur. C'est seulement plus tard, lorsqu'on étudiera à fond l'apport de ce siècle, qu'on se rendra compte de la signification d'*Eternité* arrivant, dans sa conception foncièrement neuve, à la suite des chefs-d'œuvre de Hugo, de Lamartine, de Baudelaire et de Vigny.

Il faudra montrer, avec plus de force que je n'en dispose, tout ce qu'avait d'audacieux cette volonté d'écrire enfin, après tant de pages merveilleuses où les devanciers chantèrent l'âme humaine, en l'isolant dans chacun de ses aspects, d'écrire, dis-je, le poème où l'homme total s'exprimait au sein de l'univers total, et, reconquérant ainsi l'unité spirituelle du monde sur le discontinu de l'existence, réédifiait la foi dans nos consciences.

« Voyant, l'auteur d'un tel livre, mérite ce nom, écrivait M. Michel Salomon, dans la *Revue hebdomadaire* (*). C'est, qu'en effet, il y a chez Lacuzon « une âme de méditation en *même temps* que de spontanéité, je veux dire

---

(*) *Revue hebdomadaire*, 20 septembre 1902.

que chez lui le *mouvement de la méditation* se propage directement du *mouvement de l'instinct*, et, sans doute, la vraie et la plus haute poésie est-elle cette fusion égalitaire, en une sorte de fervent amour, de la cérébralité et de l'instinct » précisaient avec une remarquable clairvoyance Marius-Ary Leblond (*). — Son poème *Eternité* est grave, austère, magnifique, profond, déclarait J. Ernest-Charles; il a cette qualité rare dans les poèmes contemporains: la puissance (**). Et, de fait, l'œuvre de Lacuzon, à une époque d'inconsistance et de relâchement dans l'inspiration, apportait cette puissance régénératrice que saluaient, par delà leur fidélité aux théories parnassiennes, un de Hérédia et un Sully-Prudhomme. Volontiers, dans le commun, on prend pour de la force la frénésie verbale, l'enflure romantique, l'amplification oratoire, sinon certain chaos d'ima-

---

(*) Le Mouvement socialiste, septembre 1902.
(**) *Revue Bleue*, 18 octobre 1902.

ges redondantes. La véritable puissance, au contraire, celle que je rencontre chez Lacuzon, est faite de sobriété dans l'éloquence, de fermeté dans l'expression, de condensation de la pensée, excluant tout développement où l'émotion ne peut que s'évanouir. C'est ainsi que le Poète d'*Eternité* « a des strophes qui « semblent s'accorder au mouvement des « astres, car il a eu, non seulement l'ambition « d'exprimer l'existence des races de la terre, « *mais encore de saisir et de fixer le rythme* « *de la matière éternelle, et il a réussi* (*), affirmera Louis Lumet. Et toute la critique formulera, en substance, ces mêmes sentiments, alors que l'auteur, s'effaçant derrière ses idées en marche, poursuivra la méditation de son œuvre, sans rien demander à la littérature et aux honneurs du temps.

Et maintenant, pourrai-je clore cette étude sans citer ce passage extrait d'un vibrant arti-

---

(*) La *Petite République*, 2 juin 1902.

cle (*) de l'admirable et dévotieux biographe d'Albert Samain, du poète des *Branches lourdes*, Léon Bocquet ? Dans son élan, il dira mieux tout ce qui me resterait à exprimer.

« ...L'histoire d'Adolphe Lacuzon renferme un enseignement. Elle persuade de se faire à soi-même une doctrine et d'ignorer du présent et du passé le moins possible, avant de prétendre, non seulement diriger autrui, mais oser lui parler.

« Il a eu ce courage, ayant écrit, à l'âge des ambitions et des présomptions, des poèmes supérieurs à tant de *juvenilia* en plaquettes, d'en faire un suprême holocauste aux divinités impérieuses qui habitaient le sanctuaire de son intelligence : la Pensée et la Poésie. Et, après un silence d'initiation à l'Idée et au Verbe, il a commencé son existence littéraire.

« Alors, d'une longue et active gestation que permettait la mémoire merveilleuse de l'au-

(*) *Le Beffroi*, mars 1903.

teur, est sortie l'œuvre forte, à la forme glorieuse, au titre hardi : *Eternité*. Et c'était, dans une vision complexe du monde, du temps et des générations, l'affirmation de la suprématie de l'homme, de l'homme traversé du grand frisson de l'amour et de l'angoisse, hypnotisé devant le gouffre béant de l'inconnu. C'était de la pitié et du stoïcisme, de la science et du rêve, de la réalité et de l'idéal, de la philosophie servie par l'impeccable rythme. »

Et, en effet, c'était de la vie, saisie à même sa complexité mouvante ; de la vie où tout le savoir des hommes se trouvait transmué en valeurs affectives, c'est-à-dire en émotion génératrice d'énergie, d'enthousiasme et de croyance; de la vie, dis-je, identifiée au rythme éternel, et dont le nouveau siècle recevait le présent, comme un présage inaugural et fervent.

Car, rompant une fois pour toutes, non seulement avec l'art pour l'art et le dilettantisme instauré par le symbolisme, mais encore avec tout ce vague sentimalisme où le poète trouvait mille occasions puériles d'étreindre la divinité en la personne du premier troupeau de moutons rencontré sur la route, ou de toutes les bestioles aperçues sur les haies, l'œuvre de Lacuzon réintégrait enfin, dans la poésie française, avec le sens de l'universel, celui de l'affirmation et de la certitude !

L'AVENIR DU POÈME

L'AVENIR DU POÈME

« La cure d'altitude ».

L'activité grandit. Des préoccupations nouvelles sont dans l'air. Des groupes se forment qui songent à l'affirmation de leurs tendances. Les idées émises se propagent ; il les faut suivre, les développer, les défendre. C'est alors que Lacuzon rédige ses fameux *Colloques*. Des

---

(*) *Nos Colloques* (1902-1907) ont été publiés en deux séries, et suivant une pagination spéciale, dans la *Revue Les Poèmes*, dirigée par M. Cubelier de Beynac qui fut, avec MM. Boschot, Vannoz, Sch. Ch. Leconte, l'un des co-signataires de l'exposé présenté par M. Adolphe Lacuzon. Aux sommaires de cette revue se retrouvent les noms de la plupart des jeunes poètes qui ont une personnalité aujourd'hui.

discussions s'engagent. Léon Vannoz, qui devait bientôt prendre une si grande part au mouvement, raconte, dans la vibrante préface de son *Poème de l'âme*, ces réunions animées où les jeunes poètes se reprennent à discourir avec enthousiasme. Sur les entrefaites, l'ex-critique du *Temps*, M. Gaston Deschamps, s'avise d'entrer en lice. Il se souvient tout d'un coup que toute une période de l'histoire littéraire, remontant à Pétrarque, s'appelait l'humanisme. Il en veut faire un rajeunissement au profit d'un impatient filleul d'élection. Il s'embarrasse dans une foule de citations contradictoires et se fait houspiller par la jeunesse. Dois-je dire que moi-même j'écris alors un article quelque peu ironique au sujet de ce pas de clerc (*)? Mais, partout, le feu est ouvert. Bientôt, une manifestation est organisée à l'*Hôtel des Sociétés savantes*. Trente ou quarante jeunes écrivains de tous les par-

---

(*) Cf. *Nouvelle Revue:* L'Humanisme, 15 février 1903.

tis y convoquent le public lettré. La fièvre est dans les esprits, l'élan est donné. La jeunesse entend viser haut. Elle veut un art qui atteigne à l'ampleur comme aux plus hautes conceptions de l'humanité. Vigny, qui songea à une telle rénovation, est pris en exemple, et les nouveaux poètes entendent le glorifier. Les maîtres parnassiens, Sully-Prudhomme et de Hérédia sont gagnés à la cause. En respect et déférence, la présidence leur est offerte. Bientôt une importante maison d'édition réédite les œuvres complètes du poète des *Destinées*. L'Académie française donne comme sujet, pour son prix d'éloquence, l'éloge de Vigny. La ferveur gagne toujours. Mais voici que Sully-Prudhomme, qui vient de recevoir le prix Nobel, croit devoir en affecter une partie à la fondation d'un prix de poésie. Il précise ses intentions et ses conditions quant à la technique à observer. On lui en fait grief aussitôt. Encore que la remarque fut courtoise, le doux poète des *Vaines tendresses* s'en montre piqué au vif. Il s'explique dans la *Revue bleue*. Léon Vannoz lui répond dans la même revue en plusieurs articles, au cours desquels il lui oppose les préoccupations de la génération nouvelle. Les *Colloques* engagent la lutte de plus en plus fermement et sont reproduits en maintes publications. Maintenant, le public est gagné ; il veut savoir ; il le faut renseigner (*). Et c'est alors que les grands périodiques, la *Revue bleue*, la *Revue*, la *Grande Revue*, la *Nouvelle Revue*, le *Mercure de France*, etc... vont ouvrir leurs colonnes et que va commencer cette magnifique série d'études où le débat est porté au grand jour (**). La jeunesse ne jure plus que par la poésie. Ne se sentant plus d'aise, une foule d'auteurs se

---

(*) J'ai signalé ici avec la plus grande rapidité tous ces événements dont la relation circonstanciée emplirait plusieurs chapitres. Mais tel n'est pas l'objet de cet ouvrage et je ne pourrai que reprendre ces développements par ailleurs.

(**) V. titre et dates de ces travaux *in fine*: Documentation générale.

mettent à publier. Mais, hélas ! comme il fallait s'y attendre, il ne s'agissait encore que d'œuvres anciennes, restées en carton. On n'improvise pas, d'un mois à l'autre, des poèmes nouveaux. Dès lors, il fallait prévenir toute confusion, se montrer sévère, dire toute la vérité et ne pas laisser croire que ce flot de productions était revendiqué par les novateurs. De mon côté, je ne manque pas de dissiper l'équivoque. J'en fais l'objet d'une nouvelle étude (*). Je demande la permission de m'y référer aujourd'hui.

Les poètes sont d'actualité, disais-je. Est-ce à croire que les derniers volumes parus témoignent d'une valeur extraordinaire ? Je me garderais bien de l'affirmer. A part deux ou trois ouvrages dont le mérite est incontestable, la plupart ne sont, à proprement parler, que des liquidations de tiroir. On l'a répété sur tous les tons : le talent n'en est pas absent.

(*) Cf. Mon article, *Nouvelle Revue*, 15 décembre 1903.

Mais de vrai lyrisme, point ; et si, parfois, en parcourant ces œuvres, un certain charme nous retient, c'est par surprise que nous sommes conquis. Un vers ingénieux nous a frappés, un tour de phrase nous a séduits, deux rimes ont sonné clair, et cela a suffi. Veut-on reprendre la lecture, l'intérêt s'évanouit, la stérilité de l'inspiration se découvre, et nous sommes navrés de constater tout le travail qu'il a fallu pour aboutir à un aussi piètre résultat.

Mais ce n'est point à cela que j'en voulais venir. En fait, les poètes n'ont pas chômé. Comme aux temps antiques, ils ont philosophé et disserté sur les destinées de leur art. Allons-nous revoir des Portiques ? Je ne sais. Toujours est-il que les voici résolus à sauver la Poésie du reproche d'indigence de savoir et de pensée. Il leur est apparu que des séductions nouvelles pouvaient agir intensément sur l'imagination sans que celles-là soient toujours empruntées à l'histoire du passé ou à la contemplation ingénue des phénomènes de la nature. J'entends ici : la succession imperturbable des saisons, la douceur des zéphyrs et l'ivresse — oh ! combien chère ! — des roucoulements amoureux. Les discussions purement prosodiques, je sais, ont produit quelque diversion. En se querellant sur la question de savoir si un e muet pouvait, en telle ou telle occasion, trouver place dans un vers, on a pu faire oublier un instant que la banalité dans chaque sujet traité était toujours en grand honneur, et que, pour tant fleurie qu'elle fût, elle n'en restait pas moins Banalité. Mais les questions de l'espèce sont aujourd'hui entendues, et nous arrivons à ce grave problème : la Poésie doit-elle rester un petit jeu de société ou, suivant ses origines, relève-t-elle de la vérité prophétique ?

Or, c'est ici que la nouvelle doctrine intervient: les vers ne constituent pas exclusivement la poésie. Celle-ci est ou n'est pas, déclarent les poètes nouveaux. Tous les ressassements du monde, si bien tournés qu'ils soient, ne sauraient nous faire illusion. Il faut à la poésie des éléments d'inspiration sans cesse renouvelés. Ces éléments lui font-ils défaut aujourd'hui ? La réponse affirmative serait insoutenable ; il suffit de regarder autour de soi pour se rendre compte des trésors inépuisables que notre époque offre à l'imagination du Poète. Le savoir moderne, grandissant chaque jour, ne recule-t-il pas de tout côté les limites de la vie et de la conscience ? Le vieil adage : « Rien de nouveau sous le soleil », deviendra peut-être d'une application plus difficile au XXe siècle. Nous n'avons certainement plus la même façon de concevoir le monde que nos ancêtres et nos aspirations s'en trouvent bien modifiées. Sans insister sur l'influence qu'ont pu exercer et qu'exercent continuellement les découvertes récentes et leur utilisation pratique, il faut reconnaître que la pensée possède aujourd'hui un domaine d'investigation dont l'étendue est sans bornes. Les poètes ne pouvaient manquer de s'en rendre compte. Il y a quelques mois, ils nous pressentirent d'une foi nouvelle, et celle-ci n'était autre que l'annonce d'une orientation en ce sens. M. Catulle Mendès, dans son volumineux rapport sur la Poésie française, encore que celle-ci n'y soit véritablement envisagée que sous l'aspect de l'art des vers, n'avait point omis de noter ces indications et de les développer quelque peu. Mais les renseignements précis lui faisaient défaut, et pour cause : on avait négligé de les lui fournir.

On a pu croire que les novateurs allaient en rester aux termes de leurs premières propositions. Mais voici que dans la revue *Les Poèmes*, *aux Colloques*, je trouve, sous la signature de M. Adolphe Lacuzon, les lignes suivantes :

« Si je crois devoir, en commençant cet ar-
« ticle, évoquer le souvenir de la Foi nou-
« velle, c'est uniquement pour en retenir le
« titre. Dans l'esprit de ceux qui le propo-
« sèrent, ce titre avait une signification. Les

« indications de l'avant-propos du recueil
« étaient loin de la préciser. Ce n'est pas leur
« faute si, en toute en ignorance de cause, on
« a voulu s'en charger avec eux. Tels impa-
« tients propagandistes n'ont brandi qu'un
« écriteau, lequel ne couvrait rien. Au reste,
« tout cela est sans importance. Peut-être, ce-
« pendant, est-il permis à ceux-là qui, redou-
« tant moins pour leur idéal la contradiction
« des adversaires que les méfaits de ses zéla-
« teurs improvisés, le voulurent sauvegarder
« sous ce titre énigmatique et fier, — peut-
« être, dis-je, est-il permis à ceux-là de s'en
« expliquer aujourd'hui. La critique leur a
« maintes fois demandé des éclaircissements.
« Ils n'ont pas à se dérober. Vis-à-vis des nou-
« veaux amis qui ont bien voulu les hono-
« rer de leur estime et de leur concours, ils
« ne feront, d'ailleurs, que remplir un de-
« voir ».

Nous sommes donc ici en présence de décla-
rations formelles. De ce qui suit, il ressort net-

tement que, pour les nouveaux poètes, la théorie de l'art pour l'art a fait son temps. La Poésie n'est pas à elle-même sa fin. Son rôle, écrivent-ils, est d'agrandir la conscience humaine au-delà même des vérités contrôlées. Elle s'élève au-dessus des religions et des philosophies dont elle fut l'inspiratrice. On avait accoutumé de penser que l'artiste, pour demeurer véritablement dans son rôle, se trouvait dans l'obligation de n'être ni philosophe, ni savant, et qu'il lui appartenait, tels les seigneurs aux temps féodaux, de tout ignorer du savoir commun. Une semblable manière de voir serait aujourd'hui entachée de quelque ridicule. Il suffit de consulter l'Histoire pour constater que la suprématie des peuples a toujours été établie par la valeur de leurs productions artistiques. C'est donc en invoquant ces grands exemples que la génération actuelle entend faire triompher son idéal.

Mais, revenons un peu en arrière. En septembre 1886, le *Figaro* publiait ceci : « Le ca-

« ractère essentiel de l'art symbolique *con-*
« *siste à ne jamais aller jusqu'à la conception*
« *de l'idée en soi.* Dans cet art, les tableaux
de la nature, les actions des humains, tous les
« phénomènes concrets ne sauraient se ma-
« nifester eux-mêmes ; ce sont des apparen-
« ces sensibles destinées à représenter leurs
« affinités ésotériques avec des idées primor-
« diales... » Et c'était signé Jean Moréas (*).
Or, bientôt, le brave Anatole Baju intervenait
et, pour couper court à toute explication, il
surenchérissait avec un sérieux imperturbable : « Pas de descriptions ! on suppose tout
connu... » Les poètes de l'an de grâce 1903

(*) Brunetière, dont on essaya maintes fois depuis lors, par des citations tronquées et détournées de leur sens, d'invoquer l'autorité en faveur du symbolisme, n'était-il pas amené, quelques années plus tard, à définir spirituellement la façon nouvelle « la réintégration de l'imprécis ou du fluent des choses, à inscrire dans le comparatif ou le suggestionnant, par l'instrumentation d'un rythme polymorphe, allié d'un verbe ondulatoire jusqu'aux limites incessamment promues du métaphorisme émancipé des triviales usances ». (*Essais sur la littérature contemporaine.*)

sont plus modestes. Ils ne croient pas avoir la science infuse et font grand cas de la Connaissance. Pour s'en convaincre, il suffit d'examiner les œuvres de quelques-uns d'entre eux. On s'aperçoit vite que leur souci est surtout d'énoncer quelque chose qui ressemble à la Vérité. Celle-ci, nous le savons, est inaccessible, mais par l'image et le symbole, ils essayent de la faire sentir, s'ils ne peuvent la définir. Leurs invocations ne manquent pas de véhémence. Et M. Cubelier de Beynac écrit :

> Vous tous dont l'âme ardente et pure avait rêvé
> De donner à l'immense et féconde Nature,
> Le destin défaillant de l'Homme pour mesure ;
> Vous qui lanciez d'un air vainqueur, le front levé
> Vers le ciel tout fleuri d'étoiles ironiques,
> Vos défis triomphants, vos eurêkas épiques,
> Sages de tous les temps, qu'avez-vous donc trouvé ?
> . . . .
> L'esprit humain, chargé d'espoirs, est un vaisseau,
> Qui, par un soir d'orage ayant rompu ses chaînes,
> Courbe éternellement sous le vent ses antennes
> Vers le ciel qui toujours recule et meurt dans l'eau.

Suivant le même idéal, M. Sébastien-Charles Leconte appelle le règne de l'esprit pur :

> Non ! ton ciel soit plus pur, tes horizons plus amples !
> A l'auguste avenir tu dois d'autres exemples.....
> Mets ton espoir en d'autres Dieux !
>
> En ceux qu'a proclamés le verbe de tes sages,
> Qu'ont salués, avec des voix pleines d'orages,
> Tes poètes et tes voyants ;
>
> En ceux dont tes héros ont commenté le livre,
> En ces Dieux indistincts encor, que fera vivre
> Ta pensée aux jets flamboyants.

Et M. Léon Vannoz aspire à la Connaissance, qui toujours recule ses limites.

> L'Illusion subtile enchante les vivants.
> . . . .
> Et le Sphinx accroupi garde un profond silence...
>
> Adonaïs, je sais que tout est éternel.
> Mais l'Apparence encor dupe les multitudes.
> Quand tu sombres, sanglant, sur les confins du ciel,
> Combien savent assez des secrets du Réel
> Pour conserver la paix des nobles attitudes !

On voit par ces quelques citations que je regrette de ne pouvoir multiplier, faute de place, la préoccupation commune qui anime l'inspiration des poètes nouveaux : la Pensée (*). Ils la veulent présente à tout moment dans leurs œuvres. A cette heure, où, sous l'action des grandes causes sociales et des découvertes, un drame véritable s'agite au fond des consciences ; où l'humanité se dégage peu à peu des servitudes du passé, ils estiment qu'il leur appartient peut-être de faire entendre leur voix au milieu de l'incertitude spirituelle et du désemparement contemporains. Si cette ambition est de la plus haute noblesse, elle n'est point sans audace. Depuis nombre d'années déjà, nous avions pris l'habitude de ne voir dans les vers qu'un agréable passe-temps, n'ayant d'intérêt que pour l'auteur et quelques-uns de ses amis ; aussi sommes-nous surpris de nous trouver en face d'aspirations aussi vastes. La poésie n'est plus une spécialité. Elle embrasse la Connaissance humaine

---

(*) Mes citations sont empruntées à la production de 1903. J'ai voulu marquer ici sans plus, l'organisation d'une tendance dont le développement me fournirait aujourd'hui une moisson d'exemples subséquents.

toute entière, qu'il s'agit, non plus de versifier, mais de convertir en valeurs affectives et *d'intégrer en essence et en puissance* dans le poème. Le fameux humanisme dont M. Gaston Deschamps avait cru devoir se faire l'apôtre, nous semble encore plus dénué d'intérêt aujourd'hui que la critique nous a éclairés davantage sur la valeur de ses données. Pour être humaniste, il suffisait, entre autres exercices de badinage, d'invoquer Renan comme M. Homais invoquerait Voltaire, et l'on voit d'ici la bonne plaisanterie. Les poètes ont-ils le droit d'oublier Parménide, Empédocle ou Lucrèce pour ne se souvenir que de l'abbé Delille, de Berquin ou de Béranger ?

Que l'on examine l'Intégralisme dans les cinq propositions suivantes : I. *La poésie réalisée est la forme transcendante du savoir.* II. *La poésie, phénomène subjectif, est la volupté de la Connaissance.* III *La poésie est infiniment perfectible. C'est une création perpétuelle.* IV. *La création poétique est une inté-*

gration. V. Le symbole poétique intègre la connaissance en puissance; le rythme, facteur émotif, l'identifie à la vie psychique et crée la Poésie ». Qu'on les étudie à fond (V. infra : *Extraits choisis*), et l'on verra que ce n'est point là certes un code poétique qu'il suffira de consulter pour écrire de bons vers. Il n'y existe aucune « recette de composition » pour donner à la rime un éclat non pareil, mais c'est toute une Foi nouvelle qui s'y trouve proposée. Des récentes discussions entre MM. Sully-Prudhomme et Léon Vannoz, il ressort clairement que c'est, non plus la technique prosodique qui est en cause, mais le fond même de l'inspiration. Il s'agit de montrer que celle-ci est renouvelée ; c'est la tâche des poètes actuels. L'orientation est désormais bien établie ; nous savons où ils veulent aller; l'avenir du poème a devant lui des horizons nouveaux. Quel siècle en a jamais pu ouvrir de plus vastes ? La pensée de l'accroissement formidable de la Connaissance humaine depuis moins de cent ans donne le vertige.

L'INTÉGRALISME
ESTHÉTIQUE DYNAMIQUE

L'INTÉGRALISME
ESTHÉTIQUE DYNAMIQUE (*)

Il n'est jamais sans intérêt de jeter un coup d'œil en arrière. Quoi qu'en disent les pessimistes, il ne fut peut-être pas, au cours des siècles, une époque plus attentive et par conséquent plus favorable que la nôtre à l'épanouissement des idées vraiment neuves. Sans doute, nous sommes habitués à des « lancements » journaliers qui ne nous émeuvent guère. Le scepticisme et le bon sens aidant ont tôt fait de rétablir les choses au degré de leur importance, et si la bonne foi et aussi la naïveté du

(*) Cf. Mon article, *Nouvelle Revue*, 1ᵉʳ septembre 1906.

public ont pu, un instant, se laisser surprendre, il ne se passe pas un mois que justice est faite. Et c'est bien heureux qu'il en soit ainsi.

Mais comme le phénomène est différent lorsqu'il s'agit d'un apport nouveau, dans l'ordre esthétique ou social ! Un étonnement se produit d'abord ; les gens sérieux demeurent perplexes ; les sots dénigrent, les timorés se taisent. Puis, peu à peu, l'influence gagne de ci de là, et tout d'un coup, l'opinion revêt une modalité sur le compte de laquelle il n'y a pas à se méprendre ; elle est changée. Des préoccupations qu'on ne soupçonnait pas la veille sont nées. On les retrouve bientôt un peu partout, chacun dit son mot. Et c'est ainsi que les grands mouvements s'annoncent.

Depuis quelques années, la littérature nous a donné cet exemple. Il a suffi de quelques notions vraiment fécondes introduites dans le domaine de l'esthétique et de la métaphysique pour que celles-ci s'en trouvent soudainement rajeunies et transformées. Aussi faut-il considérer d'ores et déjà comme une force toute puissante et riche d'avenir, ce goût très vif, manifesté par la jeunesse qui réfléchit, à la fois pour les problèmes sociaux, et pour les plus hautes spéculations de la pensée. Tandis que, d'une part, écrit M. Léon Vannoz (*), on la voit s'harmoniser pour réaliser plus de justice dans les faits, on la voit d'autre part rejeter les antiques principes de tous les vieux dogmatismes, et ceux qui travaillent avec le plus d'ardeur à libérer la pensée humaine de la servitude des croyances ataviques sont les mêmes qui, par des chemins souvent périlleux, s'efforcent de gravir les sommets de la spéculation intellectuelle pour établir, dans une doctrine maintenant connue sous le nom d'*Intégralisme*, les principes nouveaux d'une esthétique et d'une métaphysique qui satisferont enfin les plus secrètes aspirations de l'âme moderne.

(*) *L'Œuvre future de la jeunesse*, 1 vol. 1906.

Les paroles de M. Léon Vannoz sont on ne peut plus justes. Elles sont aussi clairvoyantes. Peut-être est-il nécessaire, cependant, de ne pas oublier que les idées, une fois introduites dans la discussion, sont sujettes à toutes sortes de transformations et de déformations bien fâcheuses.

Il y aura toujours des esprits superficiels qui, incapables de saisir la valeur d'une pensée, se serviront de celle-ci dans un sens tout opposé à sa signification véritable. De sorte qu'il arrive un moment où le public, si on ne l'avertit pas à temps, ne se trouve plus en présence que d'équivoques sans cesse renouvelées. Il importe donc de prévenir ces transformations et ces déformations, et de ne pas laisser les propositions nouvelles aux prises avec les compilateurs dont s'encombre notre littérature. Voilà pourquoi il faut à toute argumentation des bases solides et de la méthode, et si l'Intégralisme a pu soulever tant de questions intéressantes et établir ainsi une correspondance active entre toutes les branches du savoir, c'est qu'il invoque la science et la philosophie à bon escient toujours. Le temps est passé des esthéticiens de fantaisie ; la culture intellectuelle s'annonce comme trop intensive aujourd'hui, parmi les jeunes gens laborieux, pour qu'il soit possible de faire illusion auprès du lecteur avec des mots et des propos alambiqués. Un livre qui est venu à son heure, et qui, tout de suite, a conquis l'attention. *Au commencement était le rythme* (*), par M. Jacques Roussille, a bien mis en lumière les caractères essentiels qui, désormais, distinguent l'artiste et le penseur véritable du virtuose et de l'artisan. A ce titre, cet *Essai sur l'Intégralisme* serait déjà, par la fermeté de son dire, une contribution des plus profitables au mouvement des idées, s'il n'avait eu l'ambition beaucoup plus haute d'aborder le pro-

---

(*) Septembre 1905, Pédone, édit., Paris. — Nouvelle édition, 1913, Lemerre.

blème métaphysique, tel qu'il se trouve énoncé dans les principes mêmes de la doctrine. L'auteur y affirme qu'il existe une « logique interne du savoir » sur laquelle doivent s'étayer nos raisonnements, et qu'il importe de ne pas nous arrêter aux groupements de faits qui sont le produit de nos arbitraires classifications. Autrement dit, M. Roussille prétend qu'on ne peut pas faire, comme le voudrait une certaine catégorie de philosophes au positivisme étroit, de l'esthétique avec des documents statistiques. Nous sommes bien d'accord sur ce point.

Rappelant les notions fondamentales sur lesquelles s'appuie la doctrine, M. Roussille écrit : « Les poètes de nos jours ont tellement avili leur art qu'on les choque en leur disant sa grandeur. Mais qu'importent les élégies ridicules, quand les paroles des prophètes nous témoignent du prestige éternel de la poésie. S'il est périlleux aujourd'hui de parler de foi et de poésie, n'est-ce point parce que ces grands mots, détournés de leur sens, ne servent plus qu'à couvrir les plus banales manifestations.

« L'opposition de la foi et du savoir a d'ailleurs provoqué, on ne peut le nier, une grave déchéance dans la pensée contemporaine, et, de plus en plus, il est souhaitable que la nécessité d'une certitude soit enfin comprise. Les poètes n'ont pas manqué de se passionner pour cet idéal, et nous les avons vu proposer formellement, hors des dogmes, une foi nouvelle, laquelle, partant de données de la connaissance moderne, *dépasserait celle-ci pour établir, dans le domaine émotionnel de la pure Beauté, leurs correspondances eurythmiques.*

Cet effort d'évolution intellectuelle est déjà considérable. Et pour qu'il fût ainsi prospère, riche d'associations d'idées et de conséquences, pour qu'il devînt réellement une force organisatrice, il a suffi d'inscrire à la base de l'esthétique et de la métaphysique nouvelle une proposition, bien surprenante au premier abord, mais bien simple en vérité, à savoir :

La création poétique est une intégration, non une synthèse. »

Sans doute, il faut prendre ici les mots dans leur sens précis, il ne s'agit plus de ces à-peu-près dont se contentent si facilement les esthéticiens de nos jours. Cette proposition une fois démontrée et admise, toute la philosophie poétique s'illumine d'un jour inattendu, ou plutôt elle se trouve être à reconstruire en entier. Les équivoques sans nombre sur la synthèse de l'œuvre d'art disparaissent, et *c'est alors que s'explique enfin la nature intime de ce rapport qui s'établit entre l'âme du poète et la vie universelle.* Sans le principe de l'intégration, cette dernière assertion est aussi absurde que de déclarer que le poète, dans l'état d'inspiration, est en rapport avec le Saint-Esprit des bons dévots.

Mais des malentendus existeront toujours. Il n'y a pas à insister outre mesure. Contentons-nous de rappeler ici ces quelques lignes qui figurent en tête de l'avertissement de l'exposé général de l'Intégralisme.

« Il faut à la poésie une cure d'altitude. En nous déclarant de cet avis, écrit M. Adolphe Lacuzon, nous avons tout de suite précisé nos intentions.

Celles-ci sont bien au-dessus des querelles d'écoles. *On n'enferme pas la poésie dans un système de procédés ou des recettes de fabrication.* Et c'est précisément parce que nous aurons voulu, en démasquant la pauvreté, pour ne pas dire la niaiserie, de son idéologie actuelle, lui supprimer toutes ses barrières, que les pseudo-poètes, n'ayant plus, pour se soutenir, tous les vieux ais et toutes les vieilles armatures des techniques, des clichés et de la convention, perdront sans doute l'équilibre, comme s'il leur manquait un garde-fou...

Il n'est aucune de nos propositions qui ne tende à reculer de plus en plus les limites de la conscience, et à aider la pensée du poète à se découvrir elle-même.

A l'aspiration éternelle des hommes s'est mêlée aujourd'hui la saveur âpre d'un savoir nouveau. De l'univers à nous les rapports sont changés ; des valeurs nouvelles sont à déterminer. C'est là l'œuvre des poètes. Nous ne doutons pas qu'ils le comprennent. Aussi bien, lorsqu'il y a quelques années nous avons songé à reposer, suivant les données de la connaissance moderne, le problème de l'inspiration en poésie, nous ne pensions pas que l'évolution qui s'annonce maintenant était si près de nos vœux. »

On ne peut être plus catégorique et plus ferme. Il n'y a place ici pour aucune fausse interprétation. L'intérêt croissant que, depuis plusieurs années, ont soulevé les discussions de la nouvelle doctrine en démontre surabondamment le bien fondé et l'opportunité. Les préoccupations des poètes de notre temps ne leur permettent plus de s'attarder aux bisbilles de cénacles opposant technique à technique. Et, comme on l'a si bien écrit, elles débordent singulièrement le domaine de l'esthétique même, puisqu'elles aboutissent, comme on l'a vu, à une affirmation métaphysique. Et dans l'idée primordiale du nombre, l'aspiration des hommes s'identifie au rythme universel :

> Au rythme, expansion première, et loi des causes,
> Genèse, norme et vie, et resplendissement
> De l'aurore et des nuits au clair des firmaments,
> Qui régit ton poème impliqué dans ses clauses,
>
> Et qui, flux et reflux d'insaisissables ondes,
> Propulse, effort ultime, et gravité, dirige,
> Sur ses orbes précis, frayés dans du vertige,
> Le fulgurant essaim des astres et des mondes !...
>
> (*Eternité.*)

D'autre part, M. Vannoz, que je citais en

commençant cet article, ne vient-il pas d'écrire encore : « Perpétuellement l'âme humaine fait effort pour aller au-delà d'elle-même, et pour s'intégrer l'univers. L'âme humaine tend à communier avec l'infini et à faire coïncider son rythme propre avec le rythme universel.

Par l'art, elle sauvegardera le trésor de ses hautes aspirations, de ses fécondes inquiétudes qui font toute la dignité humaine. »

Nous voilà loin de la romance sentimentale, du joli conte en vers et du sonnet sans défaut. N'avais-je pas raison de dire qu'à notre époque l'idéologie des poètes semblait bien se transformer totalement ?

MENTALITÉS NOUVELLES

MENTALITÉS NOUVELLES (*)

Je l'ai dit plus haut : je me suis donné pour tâche, au cours de cet ouvrage, de citer chronologiquement, et par étapes successives, le mouvement idéologique qui nous occupe. Je reprendrai donc en entier et à sa date, l'étude suivante que je donnais alors à la *Nouvelle Revue*. Sa rétrospectivité servira la vérité historique mieux que toute interprétation à distance. Elle fixera exactement où nous en étions en 1907.

Serait-il hasardeux d'avancer, disais-je, qu'il s'opère actuellement des transformations pro-

---

(*) Cf. Mon article, *Nouvelle Revue*, 1ᵉʳ décembre 1907.

fondes dans la mentalité individuelle des gens qui, sans être des chercheurs, pensent tout simplement ? Nous avons entendu tant de fois redire qu'en ce monde rien n'est nouveau, qu'il est peut-être indiqué de ne pas être complètement affirmatif, à seule fin de ne pas effaroucher le bon sens, ce fameux bon sens dont la persistance est, avant tout, un témoignage d'excellente santé. Cependant il faut bien admettre que, depuis quelques années, la façon d'envisager les événements s'est quelque peu modifiée : alors que les esprits cultivés éprouvaient le besoin, pour ne pas paraître jobards et naïfs, d'envelopper tous leurs propos d'un scepticisme avisé ; voici qu'un désir de certitude se trahit dans toutes les préoccupations intellectuelles d'aujourd'hui. Le paradoxe qui, si longtemps, tint lieu de vérité et dispensa une élégance factice à l'impuissance, à l'ignorance et à la stérilité du cœur et de la raison, semble bien avoir perdu de son prestige. Et peut-être faut-il déclarer que le snobisme n'a pas été sans hâter cet amoindrissement de crédit. La nature humaine est ainsi faite qu'elle a besoin de repères pour accrocher sa pensée. Les jolis mots qui firent fortune, les singularités dont il était de bon goût d'affecter le penchant, servirent de ralliement à toutes les curiosités éveillées dans la vie littéraire et mondaine, et, pour paraître bien informé, il arriva que l'admiration démonstrative fut d'autant plus requise qu'on n'avait pas toujours très bien compris. De telle sorte que des engouements et des enthousiasmes inconcevables naquirent autour de certaines manifestations qui, dans le domaine de l'art ou de la littérature proprement dite, ne relevaient, la plupart du temps, que d'une sorte d'aberration mentale cultivée avec amour chez des sujets plus enclins à mystifier leurs contemporains qu'à les émouvoir. Il n'y a que l'embarras du choix pour les exemples.

La période semble toutefois bien close et, pour s'en convaincre, il suffit de faire remarquer combien semblent « rococo » et « vieux jeu » toutes ces attitudes qui visèrent à remplacer la noblesse dans l'art.

Un besoin de certitude, disais-je tantôt, se trahit un peu partout et s'affirme de ci de là. Sans doute, l'activité sociale d'une part, et l'abandon des Religions d'autre part, ne sont pas étrangers à cet état d'esprit, et le goût de la pensée claire et profonde, où l'âme humaine peut se ressaisir et se recueillir un instant, s'accuse chez les mieux doués avec une ardeur bien caractéristique. Le désarroi des connaissances leur apparaît comme un véritable désastre et le devoir leur a été suggéré d'avoir à rechercher et à fixer les principes coordinateurs de cette force immense, dispersée en des voies innombrables, et qui constitue l'intellectualité humaine au début du XXe siècle.

Ces principes coordinateurs se référant à la fois à toutes ces connaisances spécialisées à outrance, où les devait-on trouver ?

Sans doute, il était vraiment impossible de les emprunter à une science plutôt qu'à une autre. Une telle manière de faire aurait eu pour conséquence de subordonner toutes les sciences à l'une d'entre elles, ce qui, *à priori*, ne semble pas réalisable ; or, voici que des poètes, se souvenant sans doute qu'à l'origine la poésie avait été la première éducatrice spirituelle des hommes, envisagèrent que la tâche n'était peut-être pas au-dessus de leurs moyens et que l'effort tenté par eux atteindrait le but cherché. Mais, à notre époque, où l'art du poète est devenu, aux yeux du public, et souvent avec juste raison, une distraction sans importance réservée à quelques jeunes gens attardés dans les sentimentalités de l'âge ingrat ou encore à quelques doux maniaques aux prétentions ridicules, la tentative pouvait paraître osée. Oui, assurément, il y avait là de quoi déconcerter l'opinion, si bien préparée par d'innombrables recueils de vers insipides, à considérer le travail de leurs auteurs, comme une immense rodomontade aux mille aspects divers. Cependant, les résultats sont acquis et nous sommes en présence, non plus de simples possibilités, mais de faits.

Des poètes, disais-je, n'ont pas reculé devant le rôle de constructeur et, simplement, de leurs œuvres, comme du fruit de leurs recherches psychologiques, ont dégagé les principes d'un *novum organum* qui semble bien, dès à présent, destiné à modifier profondément les conditions d'existence de l'art dans la société moderne.

Et leur raisonnement en ceci fut très simple : ils se dirent que tous les actes de la vie ne s'accomplissaient qu'en fonction d'un facteur unique : l'inspiration ! que celle-ci se retrouvait à l'origine de toutes les démarches de la volonté, et que, par conséquent, c'était en elle qu'il fallait étudier la genèse de la pensée et de toutes ses manifestations. Or, il est un fait hors de doute : la poésie est, par excellence, l'expression même de cette inspiration (*).

Donc, en recherchant les conditions psycho-physiologiques dans lesquelles se produit l'inspiration poétique, ils devaient nécessairement arriver à fixer les points essentiels du problème. Et ces points essentiels, ils devaient alors les rassembler en propositions définitives dont l'ensemble allait devenir une doctrine nouvelle, absorbant dans ses généralisations convergentes les considérations éparses dans tous les domaines de la connaissance.

(*) A l'instar des Lamartine, Leconte de Lisle, Guyau, etc., les jeunes poètes ne pouvaient que souhaiter un rapprochement de la littérature et du savoir, mais dans le sens d'une compénétration exclusivement idéologique, ce qui ne peut être contestable. Or il n'est que les ignorants pour jurer par la Science. N'avait-on pas à faire de la poésie scientifique? (!!) Et je me souviens d'un brave garçon qui, durant trente ans de sa vie, reproduisit *à rebours*, un théorème de géométrie sur une courbe usuelle, prétendant qu'il présidait à la plus haute conception de l'art, la sienne bien entendu. Le plus fort est qu'il eut des admirateurs !

L'*Intégralisme* qui, depuis quelques années, est entré dans les préoccupations intellectuelles de toute une jeunesse ardente et passionnée, vient donc répondre aujourd'hui à *ce besoin de certitude* auquel je faisais allusion tout à l'heure.

En effet, il ne s'agit plus, comme cela fut tant à la mode, aux beaux jours des esthétiques de parade, d'illuminer un paradoxe avec toutes les subtilités d'un esprit à faconde, d'esbrouffer les ignorants par un étalage de mots bizarres ou d'orchestrer toutes les lettres de l'alphabet. Non, un public nouveau est acquis aux nouveaux poètes. Ils le savent, et ce leur est une joie, et non des moindres, d'avoir pu conquérir, non plus précisément les suffrages de quelques esthètes, clientèle ordinaire de bon nombre de Glatigny de brasseries, mais bien l'attention de véritables penseurs, à qui la science moderne est familière à plus d'un point de vue. Grâce à quelques formules unificatrices, un commerce intellectuel de plus en plus actif s'est établi entre tous ceux que préoccupe, dans les voies les plus diverses, la recherche d'un *Ultima verba* réconciliateur :

Et voici que des mathématiciens retrouvent ici une façon de raisonner qui ne leur est pas étrangère; — voici que des physiologistes, des psychologues se prennent à comprendre et à aimer ce qui leur était jusqu'alors apparu comme indigne de leurs soucis minutieux autant que graves ; — voici que des métaphysiciens croient voir des lueurs nouvelles ouvrir le ciel brumeux. La puissance d'une idée s'est affirmée ; elle alimente la discussion, et pour se rendre bien compte des modifications capitales qu'elle a introduites dans le raisonnement, il suffirait de comparer les articles des jeunes revues d'il y a cinq ans, par exemple, avec ceux qui paraissent aujourd'hui. D'ailleurs, ce travail a été effectué et justice a été rendue aux novateurs.

Mais, hélas ! à quels risques de déformation ne s'expose pas, en se répandant, la pensée la plus originale et la plus ferme ? Par quels soins jaloux ne devrait-on pas la préserver des empressements profanateurs ! Tel théoricien fantaisiste, ayant cru saisir, de ci, de là, quelques bribes, se hâte de les concilier avec ses souvenirs de collège ou de catéchisme, et le voilà, confondant tout, de Pythagore à Berthelot, qui s'élance de contre-sens en contre-sens. Tel autre qui, hier encore, se réclamait du positivisme, ne voit plus aujourd'hui que par la métaphysique, et s'autorisant de ses anciennes convictions dont il n'aperçoit pas l'incompatibilité avec les premières, professe une assurance qui fait sourire.

Cela, assurément, ne peut avoir qu'un temps. Peu à peu, la vérité se dégage, s'impose. L'agitation provoquée autour d'elle fait place à une activité laborieuse. Et c'est ainsi que la mentalité de toute une génération se trouve transformée.

Ah ! je sais bien, il y a ceux qui sont restés en arrière ; ceux qui, ayant vu camarades et confrères s'éloigner, n'ont pas su évoluer à l'heure propice.

Aujourd'hui, semble être un peu tard après dix ans d'opinions contraires, de s'annoncer comme ralliés aux mouvements nouveaux. Mais il est des conciliations impossibles ; un simple coup d'œil jeté sur les collections des revues décadentes en dit plus long que tous les discours. Il n'est plus facile de donner le change. Et puis, le public, ce bon public si crédule et si innocent, assurait-on chez les esthètes, a bonne mémoire, très bonne mémoire. On ne le mystifie pas deux fois.

Au reste, tout cela s'éloigne de la question, qui demeure actuellement nette et précise : un départ s'accuse de plus en plus entre les poètes, pour qui l'art n'avait jamais été qu'un moyen de resserrer en une forme plus ou moins maniérée des pensées de tout repos, autrement dit, de mettre en bouts rimés la sagesse des nations, quant à l'amour, à ses charmes et à ses leurres, et ceux dont le souci de création les a conduits à ne plus écrire que pour essayer de fixer une part nouvelle d'une vérité conquise.

Et voilà pourquoi, espérons-le tout au moins, nous ne verrons plus bientôt de ces abondants recueils où se confondent, pour s'annuler, des quantités de poèmes, d'inspiration médiocre, non plus que d'ailleurs, dans un autre genre, tous ces développements d'un lyrisme douteux, nous contant, par le détail, les menus faits de la vie domestique, industrielle ou sociale. Toute cette littérature, qui peut avoir un charme d'agrément momentané, correspond, à notre sens, à une imagerie dont l'intérêt nous échappe, et le chromo littéraire ne doit pas avoir, à nos yeux, plus de valeur que le chromo lithographique.

Enfin, il n'y a nullement à s'y méprendre : la poésie qui ne serait plus qu'un petit jeu de société, dans le siècle des rayons X, du radium et des avions, serait vite reléguée au rang des balivernes, et il importait de lui réassigner son grand rôle d'initiatrice. Ainsi que je le faisais remarquer au début de cet article, les débats se sont singulièrement élevés depuis peu : une discussion sur la rime et la prosodie, et il y en eut tant et tant, grands dieux ! serait considérée présentement comme une aimable plaisanterie, et il est bien établi que la pensée des poètes, à l'heure actuelle, a des élans dont on aurait pu désespérer du retour, après ces quelques lustres où les pires cacographes se distribuaient des brevets de génie.

L'EFFORT D'UNE GÉNÉRATION

L'EFFORT D'UNE GÉNÉRATION (*)

Donc, dans le monde intellectuel, la génération montante arrive à la pleine conscience de ses aspirations. Depuis quelque temps, la nouvelle s'en était d'ailleurs répandue un peu partout ; elle se confirme aujourd'hui avec complaisance et ce nous est une raison de nous féliciter de ne pas avoir été les derniers à l'annoncer. Comme bien l'on pense, les enquêtes n'ont pas laissé que de se multiplier outre mesure. Mais, chacun le sait, les enquêtes n'offrent d'intérêt que par la condition et l'autorité des personnalités consultés ; les plus désignées d'entre elles ne répondent pas toujours

(*) Cf. Mon article, *Nouvelle Revue*, 15 février 1913.

et il arrive que les intervenants s'y montrent beaucoup plus préoccupés de leur situation personnelle que des tendances sur lesquelles ils auraient à se prononcer. C'est donc moins dans les conclusions de ces enquêtes qu'entre les lignes des factums des intéressés que le psychologue doit rechercher la vérité.

Au demeurant, il suffit qu'un ensemble d'idées s'y rencontre suivant quelque convergence pour qu'il soit possible d'affirmer une orientation ou un état d'esprit général. Or, voici que prenant texte de cette ardeur nouvelle qui se manifeste aujourd'hui, des livres paraissent qui entendent la conduire à des fins assez complexes, suivant les goûts particuliers de chaque auteur. Il n'est pas jusqu'aux plus récents événements de la vie politique et sociale qui ne soient invoqués en témoignage, et l'on va même jusqu'à faire intervenir les bienfaits du foot-ball ! (*).

(*) Dans un article très judicieux de mise au point paru

Nous n'irons pas jusque-là. Mais puisque l'existence d'une foi nouvelle se trouve à ce point confirmée, nous chercherons à en déterminer le caractère et la portée, tout en restant dans le domaine idéologique où elle a été préparée, où elle a pris naissance, et où nous l'avons vue se coordonner, dans ses éléments essentiels, en activité créatrice et féconde. Ce n'est pas d'hier, en effet, que nous en avons constaté les indications premières. Aussi n'est-ce pas sans une émotion profonde que je me reporte à une citation que j'empruntais en 1902 à la préface d'*Eternité*. Nous étions à une épo-

---

au *Mercure de France* (16 juillet 1913), M. Georges Le Cardonnel a fait justice de ces exagérations manifestes en rappelant que le goût de l'action et des sports, le sentiment du patriotisme, l'attrait des conquêtes et de l'héroïsme ,appartenaient au même titre aux générations antérieures. D'autre part, en ce qui concerne la volonté d'en finir avec les déliquescences du décadentisme et d'appeler une inspiration plus virile, il y a beau temps que l'effort a été donné. Lacuzon en était encore à finir ses classes, que déjà en 1892, au cours d'une série d'études sur la nouvelle littérature, publiées par la *Grande Revue de Paris et Saint-Pétersbourg*, dirigée par Arsène

que où le scepticisme était de la plus haute élégance. La peur d'affirmer régnait sur les esprits, et la jeune littérature achevait une expérience où elle faillit sombrer dans les pires arguties de la prosodie et des recettes de fabrication. Cependant, un immense besoin de se ressaisir gagnait les meilleurs des nouveaux venus, et l'élan d'une foi nouvelle allait être précisé.

« Ah ! la foi, écrivait alors Adolphe Lacu-
« zon, non pas la foi d'un quelconque dévot,
« d'une quelconque religion, mais la foi qui

Houssaye, il écrivait ceci : « Or, en l'an de grâce 1892, à l'heure qu'il est, à part la récente tentative des *romans*, la table rase est faite, et l'existence des écoles, bien que des noms subsistent, semble devenue tout à fait problématique... Efforçons-nous, en faisant des distinctions, de dissiper les malentendus. Qu'on écarte tous les enfleurs de phrases, barioleurs d'images baroques, qui, sous prétexte de donner du neuf, nous feraient tinter aux oreilles toute la rimaille des métaphores rococo.

Qu'on élague, qu'on fasse large ! Quelques-uns veulent travailler et marcher seuls, sans regarder en arrière, vers les voies impratiquées d'un art nouveau : qu'on les y aide pour pouvoir les applaudir ! » (25 juillet 1892.)

« nous atteste à nous-mêmes ; la foi qui nous
« identifie à la nature ; la foi qui nous im-
« partit quelque chose de la puissance éter-
« nelle, celle qui assure la victoire au conqué-
« rant et l'enthousiasme des foules à l'orateur
« de génie ; la foi qui accomplit des miracles ;
« la foi qui donne à l'homme un point d'appui
« dans l'infini ; la foi qui est l'orgueil pur, qui
« est la volonté ; la foi qui est la force du
« monde, et qui fit dire à Gœthe, dans un
« superbe aveuglement vis-à-vis de nos fins
« dernières, que si les hommes sont morts,
« jusqu'à présent, c'est qu'ils l'ont bien
« voulu ! »

Ah ! comme elles retentirent au cœur de ceux-là qui en attendaient la venue, ces paroles de fermeté, de délivrance et de réconfort ! Comme elles se répandirent avec force ; comme elles rallièrent les hésitants et comme elles allaient bientôt rassembler les efforts que tant de jeunes hommes avaient dû contraindre en eux jusqu'alors. Elles se retrouvaient com-

mentées dans maintes publications nouvelles. Et Lacuzon précisait : « Nous entendons expri-
« mer la vie humaine en fonction de l'huma-
« nité tout entière, et notre individualité en
« fonction de l'univers comme de l'inconnais-
« sable... », unissant ainsi aux aspirations
« sociales les nécessités de la vie spirituelle
« des peuples. Des valeurs nouvelles sont à dé-
« terminer, continuait-il. Certes, la tradition
« nous est chère, mais nous ne pouvons plus
« nous intéresser naïvement aux légendes qui
« ont charmé nos pères. Les points de vue se
« sont déplacés. Dans l'eurythmie universelle,
« dégageons le rythme de notre condition ;
« tout dans l'univers est forme de mouve-
« ments, le monde entier n'est qu'une vaste
« orchestration de rythmes, nous-mêmes som-
« mes un rythme, dans le rythme intégral ou
« accomplissement universel, et le rythme in-
« hérent au Verbe humain, le rythme, dans
« l'œuvre du poète, est le mouvement même
« de l'inspiration. D'abord obscure, la pensée

« s'y ordonne et s'y déploie, et le frisson du
« monde passe en elle...

« Sachons, soyons instruits, et dans tous les
« domaines, établissons des rapports, cher-
« chons des correspondances, et sur ces ré-
« seaux mystérieux, construisons nos symbo-
« les : descendons au profond de nous-mêmes,
« atteignons aux normes de l'existence, et des
« battements de notre cœur au vertige des as-
« tres, des frissons de notre âme aux frissons
« des cieux inconnus, élargissons un chant qui
« soit à la fois toute la vie et tout le rêve, tous
« nos instincts et notre foi, et nous absolve
« et nous érige en créateurs !... »

Et les *Colloques,* où Lacuzon exprimait toutes ses idées, livrant ainsi les secrets de son art et les fruits de sa méditation avec un désintéressement qui, par le temps en cours, apparaissait comme une gageure ou un paradoxe, les *Colloques* étaient reproduits dans tous nos grands périodiques. Ils acquéraient ainsi une divulgation considérable, empruntant tout leur prestige et leur autorité à ce merveilleux poème *Eternité* auquel il nous faut toujours revenir, puisque, si justement célèbre, il devait marquer, comme on l'a répété cent fois, le départ des temps nouveaux depuis le symbolisme.

C'est qu'en effet, suivant une conception absolument neuve, il identifiait et livrait à la fois, dans la perception, l'individuel et l'universel, et conférait ainsi à la pensée du poète les caractères d'une véritable foi. Une émulation fervente croissait chaque jour ; des études et des exposés généraux s'élaboraient et quinze écoles se fondaient où se rencontraient toutes ces préoccupations. Et c'est ainsi que, dans son *Histoire de la Littérature française*, M. Gustave Lanson, retrouvant toutes ces données dans l'esprit même où elles furent énoncées, pouvait écrire à propos de l'inspiration :
« Ce qui semble dominer aujourd'hui, c'est
« un effort pour refléter toute la vie et toute
« l'humanité, pour chercher l'âme sous toutes

« les formes de la vie, en manifestant le moi
« profond, sans étalage de confidences ou de
« biographie, en formulant sans symboles obs-
« curs les aspirations de la conscience sociale
« ou religieuse d'aujourd'hui... »

Et n'est-ce pas lui encore qui, dans un article tout récent sur un ouvrage relatif à la sensibilité esthétique où il signalait quelque confusion, ajoutait ceci : « La Poésie contem-
« poraine, en ce qui n'y est pas transmis des
« époques antérieures, est la sensation déve-
« loppée, épanouie, orchestrée ; la sensation
« où sont données à la fois la nature et l'âme...
« Moins occupée des passions que de l'exis-
« tence, attachée surtout à saisir dans les mi-
« nutes de l'être les forces élémentaires éter-
« nelles qui font la beauté changeante du
« monde et le charme frissonnant de la vie,
« tantôt douloureuse et tantôt joyeuse, pour
« des causes plus profondes que les événe-
« ments anecdotiques du cœur, mais peu à
« peu réconciliés avec la vie naturelle et hu-

« maine, pas encore ou très peu sociale, voilà,
« en ce qu'elle a de bien propre, à mon avis,
« la Poésie du temps présent... »

Que l'on rapproche, point par point, ces paroles des citations que j'ai reproduites plus haut, et l'on se rendra compte, à plus de dix ans d'intervalle, de l'influence décisive et de la puissance de pénétration des idées qui nous occupent, arrivant aujourd'hui à leur épanouissement. Certes, il ne s'agit plus, comme l'entendait la génération précédente, « de s'intérioriser au cœur des choses » pour y écouter le murmure de la vie comme le bruit de la mer au creux d'un coquillage ; de s'enfoncer dans l'individuel jusqu'à l'évanouissement, massacrant le vocabulaire et la syntaxe pour donner à chaque expression un tour de rébus qui lui soit intrinsèque. Non, cela n'est plus ; à la vérité, il restera toujours des esprits candides pour pasticher Verlaine. Par ailleurs, nous reverrons encore de bouillants garçons, impétueux verbomanes, aller chercher dans le vieil arsenal romantique, toute la cuivraille et tout le clinquant du métaphorisme de 1830. Et s'écriant : « Soyons des hommes ! il fait beau vivre ! admirons-nous !... », ils croiront avoir rempli une mission surhumaine. Mais ces exploits n'ont pas d'importance ; il y aura toujours assez de critiques clairvoyants et indépendants pour en sourire, et pour leur apporter, à l'occasion, les compliments de circonstances qui ne pardonnent pas. Et nous passerons outre.

Aussi bien, l'élan est acquis désormais : « L'Intégralisme, écrit M. Lucien Maury (*),
« entre toutes les théories dont la littérature
« contemporaine est redevable aux jeunes générations, je n'en vois guère de plus cohérente, de plus noblement ambitieuse, ni qui
« plus aisément se hausse aux proportions
« d'une doctrine d'art. Les poètes de la Foi
« nouvelle se sont évadés des stériles discus-

(*) *Revue Bleue*, 25 septembre 1909.

« sions prosodiques ; ils proclament les droits,
« la fécondité de l'Inspiration ; ils tentent une
« réconciliation de la Poésie et de la Pensée ;
« quel plus louable, quel plus émouvant ef-
« fort! Cet effort, M. Adolphe Lacuzon en
« marque l'actuel développement avec une
« force que l'on souhaiterait plus sereine, non
« plus convaincante !... »

Certes, non plus convaincante ! mais dans l'état actuel des esprits, au moment où l'on sent de tous côtés s'affirmer l'activité d'une œuvre de pensée élaborée avec tant d'obstination et de volonté, qui pourrait se défendre d'un tressaillement, voire d'un peu de fièvre ? Car hélas ! tous les bluffs de la réclame n'ont pas laissé que de s'organiser avec plus de cynisme que jamais. Les ouvrages du pire des graphomanes sont vantés avec des éloges que l'on voit à la quatrième page des journaux pour prôner les vertus de quelque ingrédient pharmaceutique. Il fallait franchir tout cela pour atteindre les consciences indépendantes et les tenir au courant de l'effort qui se multipliait. Au reste, le jeune savoir des énergies neuves n'est-il pas toujours sollicité par une incessante mise au point ? Car les déformations sont à combattre sans cesse. Que dis-je, les déformations ? Les falsifications, le pillage sévissent en calamité, et l'opinion n'a-t-elle pas eu déjà à dénoncer de pauvres diables introduisant dans les rééditions de leurs œuvres, des propositions entières appartenant à l'effort nouveau, pour se donner l'allure de précurseurs. Mais les documents sont nombreux qui se peuvent consulter et c'est, en même temps que dans les études et exposés généraux, dans les travaux si fervents et si loyaux d'un Vannoz, d'un Roussille, et de tant d'autres, qu'il faut suivre l'histoire des idées puissamment ordonnées où s'alimente cette Foi nouvelle dont il est tant parlé aujourd'hui.

Il convient de le répéter ici, c'est le problème même de l'Inspiration qui fut reposé, face au positivisme étroit et strangulateur de ces der-

niers temps. Tout est sorti de cet effort qui conduisait les initiateurs à la revision et à la réédification indispensables de tant de notions faussées ou devenues sans valeur. Et c'est ce que rappelait avec une précision si déterminante Jacques Roussille, dans son magnifique ouvrage: *Au commencement était le Rythme*, dont une nouvelle édition paraît ces jours-ci. Et c'est enfin ce qui permettait, dès hier, à M. Léon Blum d'écrire (*): « Dans la nou-
« velle génération qui vient, nous sentons un
« enthousiasme, une volonté de cohésion, une
« confiance qui sont le signe des grandes éco-
« les poétiques... Ce qui était obstacle invin-
« cible à la Poésie, c'était la certitude positive,
« l'affirmation limitée, la tranquillité casa-
« nière d'une raison qui avait disposé l'Uni-
« vers selon son ordre et qui pensait le gou-
« verner tout entier suivant sa règle. Cet obs-
« tacle est tombé jusqu'à ce qu'il s'élève à

(*) *Revue de Paris*, 1ᵉʳ février 1913.

« nouveau par l'éternelle révolution des cho-
« ses, et c'est là, sans doute, la grande nou-
« veauté de ce temps. »

Voilà ce qui a été préparé et accompli à cette fin que les élans de la chair et de l'âme puissent désormais s'inscrire dans une forme adéquate à l'entendement supérieur du siècle.

Et n'est-ce point le frissonnement d'une telle ardeur que l'on sent palpiter dans les meilleurs ouvrages de tant de jeunes poètes, dont nous étudierons quelque jour l'apport personnel et le talent si averti ?

Pour fonder une Foi nouvelle, objectait-on, il y a plus de dix ans, aux novateurs, il faut des miracles. « Soit, était-il répondu. Au milieu du charlatanisme éhonté, du cynisme des sots, de la cuistrerie et du servilisme d'aujourd'hui, la fermeté, le caractère et le désintéressement de quelques-uns en seront un ! » (*Nos Colloques.*)

Qui pourrait dire qu'ils ont manqué de parole ?

L'ÉLAN ORGANISATEUR

L'ÉLAN ORGANISATEUR

Multiplierons-nous les témoignages ? Tous les ouvrages qui paraissent aujourd'hui sur le mouvement littéraire et esthétique en abondent. Il suffit de les parcourir pour se rendre compte à quel point, d'un commun accord, ils attestent, dans les nouvelles générations avec le goût de la certitude et de l'affirmation, le souci d'une inspiration plus virile, s'éloignant définitivement de ce sentimentalisme languide et déprimant qui fleurissait aux derniers jours du siècle précédent. Les discussions prosodiques semblent bien closes ; la philosophie qui, jusqu'alors, était récusée par les esthètes comme n'ayant rien à voir avec leur production, est remise en honneur. Sous l'impulsion

donnée, celle-ci fait corps aujourd'hui avec l'esthétique même. Les travaux des penseurs modernes sont examinés avec soin et les affirmations du Poète reprennent droit de cité. Bien mieux, la Poésie semble devoir ressaisir son hégémonie jusque dans le domaine de la spéculation pure. « On peut dire, écrivait, dans
« *La Revue*, M. Léon Vannoz, que les points
« de vue récents de la philosophie sont dé-
« passés de beaucoup par les doctrines qui
« ont prévalu dans la jeunesse. Le problème
« de la création de l'œuvre d'art est double :
« il comprend celui de l'inspiration et celui
« de la réalisation de l'œuvre. Or, dans le pro-
« blème de l'inspiration, la théorie de la *Con-*
« *naissance émotionnelle*, et dans le problème
« de la réalisation, celle de l'*Intégration* ont
« apporté des lumières inattendues, et ce sera
« le mérite du mouvement connu sous le nom
« d'*Intégralisme* de les avoir révélées (*).

(*) *La Revue*. Les aspirations de la jeunesse intellectuelle, janvier 1909.

Il fallait, en effet, et enfin, faire justice de notions qui s'avéraient comme la source de malentendus sans nombre et enrayaient tous les efforts des générations nouvelles. En opposant à la théorie de l'intuition, celle de la *Connaissance émotionnelle*, et en présentant délibérément celle-ci comme le moyen d'atteindre aux vérités supérieures, l'*Intégralisme* a, du même coup, écarté toutes ces discussions stériles sur l'intellectualisme et l'anti-intellectualisme. L'intuition, placée à l'origine de toute activité créatrice, apparaissait comme une force aveugle et péremptoire, sur laquelle la nature humaine n'avait aucun contrôle. C'est par elle que les pires élucubrations des décadents pouvaient se justifier. Le poète agissait d'après sa loi, qui était l'intuition. Toute objection critique tombait : l'intuition avait parlé, elle avait saisi la réalité vivante, la seule vraie il n'y avait plus à y revenir. On sait à quelles conséquences devait aboutir une telle conception.

Combien différentes et fécondes les propositions de l'Intégralisme ! L'intuition n'est jamais qu'un geste qui réclame, en quelque sorte, l'équilibre constant de l'individu et de la race. Il est sans vertu organisatrice ; il n'est jamais, par lui-même, procréateur de nouveau. L'émotion seule a ce pouvoir dynamogénique, et c'est à ce titre que les Intégralistes en ont fait le mode transcendant du savoir, sous le nom de *Connaissance émotionnelle.*

« Dans sa condition psycho-physiologique,
« expose Lacuzon, *l'émotion chez l'homme*
« *sain est l'état de l'être le plus proche du*
« *réel,* en ce sens qu'elle établit une confron-
« tation rapide entre la conscience et le monde
« extérieur, confrontation qui, en définitive,
« postule l'identification de la vie indivi-
« duelle et de la vie universelle. »

L'on voit dès lors tout de suite combien apparaît puérile cette prétention de quelques esprits de nous projeter, par l'intuition, au cœur même des choses. Une telle proposition ne supporte même pas l'examen. Il semble, en effet, que nous soyons en présence d'une opération cabalistique, et notre conscience aurait fort à faire d'aller ainsi se mettre aux écoutes dans les régions intra-atomiques de la matière. Une semblable fiction n'a rien de commun avec la philosophie.

Le second point qui nous reste à envisager ici est celui de la réalisation de l'œuvre. Celle-ci est une synthèse, proclament tous les esthétiques antérieures. Non point, disent les Intégralistes ; dans l'état actuel de nos connaissances, cette réalisation est une intégration. Et, en effet, pour les raisons que j'ai développées au commencement de cet ouvrage, la synthèse apparaît aujourd'hui comme un non sens. Que pourrait bien être, dans l'œuvre du Poète, la synthèse du savoir humain de nos jours ? Pratiquement, elle est irréalisable. Serait-ce une notion qui contiendrait toutes les notions, un symbole qui inscrirait en lui tous les symboles ?

Personne n'en a jamais rien su.

La notion nouvelle du rythme totalement dissociée de la question prosodique, libre ou régulière, et considérant à la fois celui-ci comme fonction psycho-physiologique de l'être et comme condition dynamogénique de l'univers, va nous aider à résoudre le problème. A l'idée de monade, qui était une abstraction purement conceptuelle, substituons la notion du rythme des Intégralistes qui, lui, est une réalité. Le rythme, toujours identique à lui-même, nous permettra d'envisager le passage de l'individuel à l'universel ou, mieux encore, du rythme individuel au rythme universel.

Dès lors, la fusion de l'apparence et du réel sera possible. Dans l'instant d'émotion inspiratrice, le Poète connaîtra la possession affective de l'Univers. Sa pensée en sera la contre-empreinte ; elle vivra en lui, comme il vivra en elle, mais ce ne sera là encore cependant qu'une expérience personnelle. Pour qu'elle soit perçue par une conscience étrangère, il faudra, comme dit Roussille, fixer cette révélation émotionnelle de l'absolu. Comment fera-t-il ? Il procèdera par intégration, c'est-à-dire qu'il déterminera jusqu'aux subtilités du frisson, les limites extrêmes de cet état de grâce où il fut en communion avec la vie universelle, et ces limites, il les inscrira dans le rythme, loi des unissons, des correspondances et des formes, facteur universel de l'émotion communicative entre les hommes. Et l'œuvre nouvelle sera née. L'idée de synthèse rejoindra la quadrature du cercle dans le bazar des casse-têtes chinois où s'évertuèrent tant de glossateurs.

Je n'insisterai pas davantage. La notion de *Connaissance émotionnelle*, d'une part, et celle de l'*intégration*, d'autre part, se montrent suffisamment fécondes, riches de toutes possibilités d'associations d'idées, pour qu'il y ait lieu d'envisager tout ce que l'intelligence humaine peut encore en tirer.

Une telle doctrine a apporté dans un domaine où régnait la confusion, sinon la discorde, des éléments d'organisation dont la portée est considérable. A la lumière de ses principes, la Poésie ressaisit, comme je l'ai dit déjà, une hégémonie que les progrès du savoir semblaient à quelques esprits sceptiques devoir désormais réduire aux caractères d'une spécialité de gens oisifs. Les novateurs n'ont pas craint de présenter celle-ci comme le mode transcendant de la connaissance. Du même coup se trouve éliminée toute la vaine et pompeuse rhétorique dont s'empanachaient les productions de tous les faux artistes. Le plus humble poème, conçu et réalisé suivant ces données, peut contenir le monde. Il n'est plus de sujets proscrits. Le Poète est l'hiérophante proférant la révélation une et continue de l'Univers. Sa parole, à travers les déformations qu'elle peut subir, reste imprégnée de l'émotion puisée dans la communion intime de son être avec les forces qui l'entourent ; elle organise spirituellement la vie.

Or, qu'on ne s'y trompe. Si l'esprit de négation, si le positivisme étroit et strangulateur que nous combattons aujourd'hui ont pu, pendant un demi-siècle, ruiner toute la vieille métaphysique, c'est que celle-ci portait le germe de sa caducité dans le fatras même de ses notions que tant de paraphrastes avaient fini par vider de leur contenu. Il eût été vain, sous prétexte de célébrer le retour aux préoccupations les plus ennoblissantes de l'humanité, de reprendre tout son attirail désuet et de continuer à discuter à perte de vue sur le point de savoir si le temps existe ou n'existe pas, ou si l'intuition doit l'emporter sur l'intelligence. C'était plus loin qu'il fallait aller. Et puisque « l'aspiration demeure au cœur de l'homme », puisque le sentiment de l'infini est en lui, il importait avant tout de rendre au poète la possibilité d'affirmer hautement sa croyance sans avoir l'air, aux yeux d'un siècle ivre de ses progrès matériels, d'un illuminé d'un autre âge ; il importait, dis-je, de lui redonner, avec l'assurance nécessaire, conscience de sa dignité et de son rôle auguste dans le monde. Le moyen, c'était d'élucider ouvertement les conditions de l'inspiration ; de la délivrer de sa sophistique enténébrée à plaisir, pour la placer au sommet de la connaissance humaine ; et, par des notions que la science elle-même ne puisse plus controuver et qui fournissent en même temps un élément critique à notre entendement, d'établir enfin que s'il n'est pas possible à l'homme d'opérer la synthèse de l'univers, il lui est donné, dans les œuvres supérieures du verbe, d'en intégrer tout l'infini...

Voilà ce qui a été fait.

FIN

TEXTES DOCUMENTAIRES

concernant

L'INTÉGRALISME

TEXTES DOCUMENTAIRES
concernant
L'INTÉGRALISME

Quelques Extraits (*)

Des conditions d'existence de la Poésie. — Du Rythme. — De l'invention en Poésie. — De la nouvelle métaphysique du Poète. — Du devoir présent. — L'affirmation nécessaire. — La foi nouvelle du Poète. — La Connaissance émotionnelle.

(*) Ces extraits, empruntés à l'œuvre de Lacuzon et que nous devons à l'obligeance de l'auteur de pouvoir reproduire ici, ont été choisis dans les travaux dont l'argumentation a été le plus souvent utilisée depuis leur publication première. Le lecteur nous saura gré de lui donner ci-après les divers fragments dont il s'agit dans le texte original.

Des conditions d'existence de la Poésie.

L'Art, si j'ose hasarder une définition nouvelle, est un mode supérieur d'éprouver, et l'artiste est l'inventeur de ce mode. J'ai dit *inventeur,* au sens originel du mot, parce que la création n'appartient qu'au poète seul dont l'œuvre n'emprunte pas à l'art son unique condition d'existence. L'art peut s'affirmer suivant des données généralement acquises, et parfois n'être qu'un simple lieu commun, agréablement adorné pour le plaisir intellectualisé d'un de nos sens ou de plusieurs. La poésie est toujours révélatrice ; elle donne un aspect sensible, une représentation à la vérité que la science et les termes concrets n'ont pu définir. Dès lors, elle se trouve être la réalisation de ce miracle : *l'expression de l'ineffable ;* elle devient le rapport émotionnel qui existe entre notre individualité pensante et la

Création universelle à laquelle nous prêtons, si nous n'y reconnaissons d'emblée l'œuvre d'un Dieu, les attributs d'Infini, d'Absolu et d'Eternité. La Poésie est immanente à la nature et dès qu'en nous l'état d'âme requis se manifeste, la correspondance eurythmique s'établit, *elle est*. Conséquemment toujours, la Poésie écrite est *cet état d'âme inscrit dans un symbole* (*). Et désormais, tous les obscurs problèmes du rêve et de la pensée se trouveront résolus dans une immense extase de conviction, par cette merveilleuse formule d'enchantement, par ces troublantes paroles d'évangélisation dont les rituels ne sont autres que les œuvres de génie. Donc encore, la Poésie est cette incantation qui, sur les confins extrêmes des réalités sensorielles, découvre à

(*) Il s'agit ici bien entendu du symbole dans son acception littéraire : *généralisation* de l'idée par l'image. On sait que l'école dite Symboliste, qui rechercha avant tout *l'individuel* et pour qui « il ne fallait jamais aller jusqu'à l'idée en soi », prétendit au contraire, exprimer par le symbole tout ce que la sensation ou le sentiment avaient de *particulier* à chaque auteur. On s'explique que la singularité ait eu tant de vogue.

l'âme humaine son infini nostalgique. Elle est la prophétie.

Mais que les jeunes gens (il y en a de tous les âges), ne soient ici leurrés : la Poésie n'est point ce débordement de sentimentalité sans placement dont l'origine remonte à l'avènement plus ou moins lointain de leurs aptitudes à la tendresse effective. Il y a de ces découvertes qui n'apprennent rien à personne... (*Eternité*. Préface.)

Du Rythme.

Suivant les ressources de chaque langue, la poésie s'est approprié une prosodie spéciale dont les règles se modifient suivant l'évolution de chacune, mais toujours elle a le rythme pour condition absolue. Or, qu'est le rythme ? Le définir dans son principe serait, sans doute, bien malaisé. Les lexicologues et les théoriciens n'en parlent qu'avec une incertitude visible, et ne semblent avoir voulu l'envisager que sous l'aspect de son mécanisme musical ou phonétique (*). C'est pourtant dans la Pensée, et peut-être même en deçà, c'est-à-dire dans la subconscience, qu'il a son existence profonde, et son extériorisation, par les sons, les vocables, la ligne et la couleur, n'est qu'un résultat technologique, relevant de l'aptitude et de l'effort cultivé. Dans l'expression des sentiments humains, dans l'expression lyrique notamment (et celle-ci n'est pas toujours obligatoirement du domaine de la musique et de la littérature), il est comme le graphique immatériel des motions intérieures qui les

(*) C'est le seul point de vue exposé dans tous les grands travaux de lexicographie : Grand Larousse, Grande Encyclopédie, Littré, Flammarion, etc. La notion nouvelle apportée ici et considérant le Rythme comme fonction psycho-physiologique de l'être et condition dynamogénique de l'univers, expliquait enfin la nature intime du rapport émotionnel de l'être avec le cosmos et permettait de concevoir en même temps comment l'individuel entre en communion dynamique avec la vie universelle.

ont exaltés. D'abord obscure, la pensée s'y ordonne, et s'y déploie, et le frisson du monde passe en elle.

Dans l'œuvre du Poète, le rythme est le geste de l'âme.

Mais c'est là le rythme dans sa réalisation objective et formelle. Il reste à l'examiner dans sa propriété essentielle. Je le crois, en tant que phénomène subjectif intéressant les facultés supérieures de l'individu, dépendre d'un sens particulier qui existe chez la plupart d'entre nous, à des degrés fort différents toutefois, et susceptible de perfectionnement. Ce sens ne s'ajouterait pas en propre aux cinq sens primordiaux, mais procéderait de leur ensemble et de leurs accomplissement universel. Par suite, sa puislogique, de notre organisme, dont l'accomplissement est un rythme dans le rythme intégral ou accomplisement universel. Par suite, sa puissance et sa vertu dans la poésie viendraient de ce qu'à la lecture mentale, comme à l'audition proprement dite, il s'avère immédiatement à cette sorte de prénotion que nous en avons tous, analogue à celle de la justesse des accords, et qu'alors, par ses retours prévus et attendus, il fixe notre attention, devance notre entendement, et semble ainsi préparer les voies harmoniques de notre intelligence où la compréhension véritablement affective n'aura plus de difficultés à s'établir.

Le rythme impose en nous des sensations générales que le langage ordinaire ne parviendrait pas à éveiller. C'est ce qui explique qu'à la récitation de certains poèmes, des gens d'humbles ressources intellectuelles, et peu familiarisés avec la prosodie et même avec la totalité des vocables qu'ils entendent, se trouvent, sans aucune autosuggestion, profondément émus, d'une émotion aussi pure que celle des plus purs lettrés. A vrai dire, il n'y a que la conception *exclusivement* artistique qui requiert un public de connaisseurs préalablement initiés à toutes les difficultés de sa réalisation. L'œuvre du poète a plus de transcendance. (*Eternité*. Préface.)

De l'Invention en Poésie.

Le don du Poète est une condition psychique supérieure, comme l'héroïsme.

Homo sum, et nihil humani a me alienum puto. C'est au Poète, tout le premier, qu'il faut appliquer cette devise. « Il doit tout savoir, et plus encore, s'écrie le bon Banville, car sans une science profonde, solide et universelle, c'est en vain qu'il chercherait le mot propre et la justesse de l'expression ! »

L'affirmation est sans réplique. Certes, c'est dans le savoir et ses spéculations que le génie lui-même entretient ses moyens d'existence ; c'est dans les capitalisations de la mémoire et du labeur que le talent a ses coefficients occultes. Cependant, devant certaines trouvailles qui nous ravissent à cause de la lumière dont elles semblent encore toutes vibrantes, un étonnement persiste en nous, et nous fait attribuer à quelque *prémotion* surnaturelle un résultat auquel tout effort personnel paraît avoir été étranger. Inspiration, intuition, cérébration inconsciente, don du poète, tels sont les mots qui nous servent couramment pour exprimer ce phénomène dont l'existence est indéniable, et dont il serait vain de vouloir rechercher l'essence, attendu que l'on aboutirait au problème de la conscience elle-même. Mais ce qui surprendra assurément ceux que cette constatation n'a pas encore frappés, c'est que le savant, l'expérimentateur, ou le mathématicien n'ont pas d'autre *secours* dans leurs longues recherches.

Devant la question qu'il s'est proposé de résoudre, l'homme de science médite, puis, soudain, après des tâtonnements plus ou moins longs, s'arrête à une conception qui, *a priori*, lui paraît répondre à la vérité. S'autorisant d'elle comme d'un fait acquis, il remonte la série des mentalités successives par où ladite vérité semble avoir pu venir s'imposer à sa conscience, il en établit le déterminisme, et, finalement, retombe aux termes de son énoncé. Il s'est prouvé à lui-même qu'il avait pensé juste. Le poète ne fait jamais autre chose (*).

D'ailleurs, à réfléchir un peu, il n'en saurait qu'être ainsi. Il n'y a pas deux vérités, l'une scientifique, l'autre philosophique, religieuse ou littéraire. La vérité est une. Et si, jusqu'à présent, les innombrables aspects sous lesquels elle se révèle à nous ne se peuvent résoudre au delà de cette dualité apparente, c'est que la connaissance humaine reste encore séparée en deux camps d'investigations, dont les doctrines se déclarent volontiers contradictoires. En fait, toute antinomie serait absurde ; il n'y a qu'antilogie, et c'est au génie des siècles futurs qu'il appartiendra sans doute de réconcilier tous les systèmes, désormais réduits aux principes d'une science unique, embrassant aussi bien le cosmos visible que le cosmos spirituel. (*Eternité*. Préface.)

(*) Depuis, dans son ouvrage *Science et Méthode* (1908), l'illustre mathématicien H. Poincaré, a apporté, en rappelant des faits personnels, une corroboration décisive à cette explication de l'invention (chap. III).

De la nouvelle métaphysique du Poète.

L'ancienne croyance spiritualiste, la plus ancrée au sein des peuples, en admettant l'âme comme indépendante du corps, et confiée aux mortels par la Divinité, lui donnait en quelque sorte une origine dans l'infiniment grand ; — la philosophie matérialiste et ses doctrines congénères, en réduisant la question de l'âme à celle de sa propriété fondamentale, la conscience, et en attribuant à cette dernière des antécédents physiologiques, partant moléculaires, l'a voulu trouver en rudiments matériels dans l'infiniment petit. Or, s'il est admis (et cette proposition n'implique aucune acceptation de parti) que la matière est divisible à l'infini, lorsque celle-ci n'est plus perceptible au champ d'observation des plus puissants microscopes, elle n'en doit pas moins exister toujours. Elle n'est plus alors pour nous qu'une virtualité, puis une simple conception de notre intelligence, et finalement un sentiment qui la restitue à l'infiniment grand. Les deux origines se confondent; le poète y devrait toujours penser.

Mais dans l'état actuel des esprits, les solutions ne s'imposent pas avec autant de sérénité que dans le cerveau d'un penseur. Et, la crise morale comme le désarroi social d'à présent, ne reconnaissent peut-être pas d'autre cause, ou tout au moins d'élément de dissension plus actif, que cet antagonisme ardent, entretenu et exploité par les factions sociologiques, à la faveur de l'ignorance populaire, entre la philosophie dite moderne, et, à titre général, positive, et l'ancienne métaphysique dans ses modalités diverses et surtout religieuses. L'une qui n'entend plus s'occuper de l'âme dans ses rapports avec l'inconnaissable, et s'obstine à ne plus nommer Dieu (même en conservant à ce mot son caractère d'image ou de repère conceptuel) lorsque le phénomène échappe à son expérimentation ; — l'autre, longtemps sans progrès véritables, et que la défaveur a surtout gagnée à cause du refuge qu'elle paraît toujours offrir aux dogmes surnaturels et aux conceptions théistes, considérés par sa rivale comme préjugés d'un autre âge et de l'enfance des peuples, mais qui, déjà réagissante et secouant la désuétude, explorant l'occulte, interrogeant et confrontant tous les vieux grimoires du miracle, herméneutique, gnose ou théurgie, et peu à peu devenue la science psychique, semble vouloir retrouver partout l'identité créatrice, et l'exalter dans un nouveau panthéisme radieux, où les découvertes du camp adverse sont appelées pour corroborer ses affirmations, cependant qu'en symbole et prophétie, tous les apôtres de la pensée humaine y conservent leur antériorité lumineuse, comme les religions défuntes toute leur beauté ! (*Eternité*. Préface.)

Du devoir présent.

A la conception nouvelle de l'univers et de la vie que s'est faite l'homme d'aujourd'hui, les paraboles d'antan ne correspondent plus. Nous ne pouvons plus nous intéresser naïvement aux légendes qui ont charmé nos pères ; nous-mêmes les avons trop entendues. Les points de vue sont déplacés, et la poésie éternelle a besoin de nouveaux modes d'expression. Il faut une adaptation nouvelle. La littérature est en retard de cent ans sur la science qui la voudrait submerger (*). Elle vit sur un héritage de clichés qui datent de l'antiquité. Déjà, les hommes se spécialisent de plus

---

(*) De bons primaires en ont inféré qu'il nous fallait une poésie scientifique. Si ce n'eut été là une sottise et une hérésie, c'était encore le moyen de rester davantage en arrière, autrement dit à la remorque de tous les autres efforts de l'activité humaine.

en plus dans leurs études, et la délaissent ; ils ne se comprennent plus entre eux ; leurs vocabulaires sont divers ; la confusion des langues s'opère, et le poète d'à présent n'est plus qu'un pauvre jeune homme, tantôt jobard ou ridicule, tantôt prétentieux et grotesque, qui clame aux étoiles son chagrin d'être incompris, ou vaticine en strophes claironnantes la fraternité des peuples et l'extinction du paupérisme !

Et pour lui faire plaisir — cela coûte si peu et a si peu d'importance — on lui assure qu'il a du génie. Et il continue.

Eh bien, non ! il ne faut pas que cela soit ainsi. Les poètes, a dit Schelley, sont les législateurs méconnus du monde. Puisque cela fut vrai, qu'ils le prouvent encore. Certes, le savant moderne est fondé à sourire des pauvretés qui sont mises en vers aujourd'hui. Ça ne varie guère. Il y a le printemps, les étoiles d'or ou d'argent, les roseaux chantants, et l'antienne aux dieux. Les dieux sont morts, c'est de l'encens perdu. Les dogmes sont périmés, ils ne renaîtront pas de nos discussions. La génération qui s'éduque à l'heure actuelle sur les bancs des écoles se présentera demain devant la vie avec l'acquit formidable d'une science sans cesse en genèse d'elle-même. Elle aura le discernement prompt et le jugement sévère. Nous ne l'émotionnerons plus avec des phrases vides ou de belles rimes. Elle se gaussera de nos menuets et de nos romances surannées. Et cependant, elle sera aussi intéressante, cette génération, que les précédentes. Elle aura autant de sensibilité et d'enthousiasme que ses devancières; seulement, pour les lui découvrir et pour les exalter, il faudra plus de prestige et plus d'autorité que nous en avons. Car la production poétique de nos jours est tout au plus bonne à faciliter les rapports matrimoniaux, à faire tourner la tête aux vieilles filles ou à chauffer l'imagination des collégiens sentimentaux et pubescents. Franchement, il faut trouver autre chose. Car, si les cieux sont vides, l'aspiration demeure au cœur des hommes. Elle a besoin de s'élever, elle a des élans irrésistibles, et il ne faut pas qu'en s'élançant, elle s'égare aux superstitions de toutes sortes. La poésie est là qui doit rayonner au zénith de la pensée humaine. En elle doivent se confondre tous les cultes abolis. C'est elle qui nous met en rapport avec l'inconnaissable et l'infini. Le frisson qu'elle provoque en nous émeut notre âme à l'unisson de l'âme du monde, et nous fait communier en elle et dans la vérité. Elle est dispensatrice de toute consolation et de toute beauté. Les religions lui ont dérobé ses formules incantatrices, et les ont fait servir à la domination des trônes et des races. Reprenons-les, recouvrons-les. Dans l'eurythmie universelle, dégageons le rythme inhérent au verbe humain, et par des hymnes, enseignons aux hommes leur grandeur d'homme. Ce n'est pas en les persuadant qu'ils sont des créatures misérables qu'on les rendra généreux et nobles. Il faut avoir pour donner.

Sachons, soyons instruits. Et dans tous les domaines, établissons des rapports, cherchons des correspondances, et, sur ces réseaux mystérieux, construisons nos symboles ; descendons au profond de nous-mêmes, atteignons aux normes de l'existence, et des battements de notre cœur au vertige des astres, des frissons de notre âme aux frissons des cieux inconnus, élargissons un chant qui soit à la fois toute la vie et tout le rêve, tous nos instincts et notre foi, et nous absolve, et nous érige en créateurs !...

Et c'est alors que le Verbe humain reconquerra sa puissance. Selon la parole du philosophe, l'homme sera vraiment au centre de l'univers ; il en sentira le frémissement tout autour de lui, et le poète sera vraiment le Poète, le prophète et le voyant... (Ad. Lacuzon, *Nos Colloques*, 1902.)

L'affirmation nécessaire.

Certes, on a pu se méprendre sur nos intentions. On a mêlé, comme à plaisir, tous ceux qui, pour des raisons fort diverses, jugèrent bon de s'éloigner du symbolisme. Il faudra du temps encore pour que la lumière se fasse, et que les sincérités se dégagent. Nous ne désespérons pas, nous saurons attendre. Les réputations factices, les « bluffs », voire les « trusts » poétiques ne nous empêcheront pas de poursuivre notre œuvre. Nous savons que rien ne demeure que la pensée dans sa forme pure. Nous la cherchons dans nos solitudes, et lorsque nous croyons la saisir, nous la discutons, nous la soumettons à toutes les épreuves de notre savoir et de notre sentiment, et la joie inonde nos âmes. C'est là notre récompense, et parce que nous sommes un certain nombre à rêver ainsi, à travailler sans agitation vaine ; parce que nous ne confondons pas le mot succès avec le mot gloire ; parce que la réclame ne nous en impose pas, et que nous savons tous ce qu'il faut penser des dithyrambes saluant telles ou telles œuvres, ce nous est une fête de nous rencontrer. L'estime et le talent seuls nous solidarisent. Il n'est point parmi nous de camaraderies équivoques. Ce n'est point le hasard des relations qui nous a réunis. Sans nous connaître, nous sommes allés les uns vers les autres, parce que nos rêves s'attiraient, qu'ils pouvaient se confondre, et qu'à eux tous ils feraient peut-être de la lumière. Et la croyance naquit en nous, et avec elle, la fierté. Nous avons pensé qu'il n'y avait pas de noblesse possible sans intransigeance, et lorsqu'on a voulu nous présenter comme poètes des histrions, des Paturots ou des Homais, nous n'avons pas tendu la main.

Nous n'avons pas reconnu pour nos frères tous ceux-là qui, besoignant sur leurs rimes, ressassent, avec le talent des autres, leur sempiternelle virginité d'âme ; qui sanglotent leur tourment vers quelque Héloïse, aussi troublante qu'impénétrable, ou qui encore, pris soudain d'on ne sait quelle frénésie, voudraient faire déborder sur l'humanité bénévole toute cette sentimentalité bébête dont ils n'ont pas eu le placement par ailleurs.

Les faux-modestes comme les outrecuidants n'ont pas pu nous en faire accroire. Les uns sont des hypocrites, les autres des sots. Ah ! ils sont délicieux, tous ces guitaristes, échappés de la Tour d'Ivoire ! — Mais à la vérité, y étaient-ils jamais entrés ?

Nous avons repris cette phrase de Shelley : « Les poètes sont les législateurs méconnus du monde. » Mais nos modernes arrivistes n'ont pas voulu lire le mot *méconnus*. Ils se sont dit qu'il fallait le supprimer dans la formule et qu'alors il importait — ô candeur — de prendre la direction des masses, et, triomphaux, de marcher comme un Tyrtée en avant des troupes de l'humanité. Et nous en vîmes qui, sur leur chapeau melon, mirent l'inscription du Guillot de la fable...

Et cependant, quelle tâche noble, quelle mission haute s'offre aux poètes d'aujourd'hui ! Songent-ils que tout le divin, imaginé et toujours attendu par les hommes, se trouve dans la poésie ? Savent-ils que toute prophétie ne fut jamais annoncée que par les poètes ? Savent-ils que les religions les plus anciennes, que le paganisme comme le christianisme, n'ont été consacrés que par l'art ? Savent-ils que les grands siècles n'ont été grands que parce que la poésie les a illuminés ? Mais savent-ils aussi que la poésie est une perpétuelle emprise sur l'absolu ; qu'elle ne peut pas retourner en arrière, que toutes les transpositions, les imitations, les pastiches la font mourir, et que son éternelle beauté est faite d'incessante création. Et quand tous les grands esprits se tournent vers les problèmes de la pensée ; quand les uns et les autres étudient le conflit actuel des consciences avec une ardeur haletante; quand, de tous côtés, on sonde la terre et les cieux, se rendent-ils compte que cela peut s'appeler aussi communier avec la nature, et cette conviction ne leur vient-elle pas, comme à nous, qu'un poète peut sans doute, par la magie de son verbe, par la puissance de son rythme et l'envolement de ses strophes, transfigurer tous ces problèmes sur lesquels pâlissent les savants et les docteurs de notre ère, et, prophète enfin, dans la magnificence du symbole nouveau, annoncer la parole sanctificatrice aux barbares de bonne volonté !...

Ad. LACUZON. (*Nos Colloques*, 1903.)

La foi nouvelle du Poète.
L'intégralisme. (*)

Si l'on considère un instant dans son ensemble le mouvement poétique de ces vingt-cinq dernières années, on est frappé par le nombre consi-

(*) Cet exposé général, élaboré par Ad. Lacuzon, d'après la préface d'*Eternité* et *Nos Colloques*, a été publié sous forme de manifeste — Cubélier de Beynac, Ad. Boschot, Seb. Ch. Leconte, Léon Vannoz, ayant signé avec l'auteur — par *la Revue politique et littéraire, Revue Bleue*, le 16 janvier 1904. Le dit exposé était précédé d'un avertissement de la Revue, ainsi conçu : « Plusieurs collaborateurs de la *Revue Bleue* ont précédemment signalé l'évolution profonde qui se produit actuellement en poé-

dérable de discussions qui ont été provoquées par des questions de pure forme, et même, la plupart du temps, exclusivement prosodiques. Sans vouloir déclarer qu'elles furent vaines, nous devons cependant constater — toute déférence gardée vis-à-vis des esprits sérieux qui crurent devoir s'y attacher — que toutes ces discussions sans fin n'ont pas été sans contribuer pour une large part à déterminer et à propager cette indifférence que le public témoigne aujourd'hui à l'égard de la poésie. — Eh quoi ! s'est dit le lecteur, moins philistin sans doute qu'on ne l'affirme entre gens intéressés, eh quoi ! ces poètes, qui portent au front le divin signe, qu'on imagine toujours — ô jeunes filles ! — drapés à l'antique et des lauriers aux tempes, conducteurs des peuples, législateurs du monde, ces poètes ne sont-ils donc occupés qu'à se quereller sur des *e* muets ou des hiatus ? Ne peuvent-ils enfin se mettre d'accord sur leurs rimes ? est-ce là tout leur art,

sie et dont les manifestations ont déjà retenu l'attention du public et des lettrés, nos lecteurs trouveront ci-après l'exposé même de la doctrine nouvelle. »

et n'ont-ils rien d'autre à nous dire ? — En toute humilité, il faut convenir qu'il y a beaucoup de vérité dans cette boutade. Aussi, nous garderons-nous bien d'aggraver la situation en insistant à notre tour sur des questions de détail qui, aux yeux du lecteur ennuyé, se présentent avec tous les caractères de la chinoiserie. Le fond même du débat retiendra seulement notre attention un moment. Ce sera pour préciser notre opinion. Et nous entrerons immédiatement dans l'exposé même de notre doctrine.

A propos des vers libres modernes, que nous n'entendons pas condamner en principe, mais dont les modalités diverses ne relèvent encore que du laisser aller, disent les uns, ou que du pis aller, raillent les autres, on a reposé le fameux problème de la prose, des vers et de la poésie, — où finit celle-ci, où commence celle-là ? — et on a réclamé des définitions.

Nous déclarerons donc qu'à notre sens la poésie n'est pas l'apanage exclusif de la littérature, et même des vers, mais que les vers constituant *la forme de langage qui tend à la plus haute expression du rythme, et le rythme étant la condition essentielle de toute poésie,* il s'ensuit que ladite forme est la plus apte à réaliser celle-ci. Elle y tend par des moyens dont ne dispose pas la prose, et qui sont, en français, la numération des syllabes, le jeu des césures, et la rime. *Le vers,* quel qu'il soit, en tant qu'élément de cette forme de langage, *ne se peut définir que par les règles de sa construction.* Quelles sont ces règles? Elles sont, au sens précis du mot, empiriques. Comme celles de la syntaxe, de la grammaire, et de la langue elle-même, elles ont leurs origines dans l'usage, c'est-à-dire dans la tradition. Ces règles sont-elles liées aux lois physiologiques de l'ouïe, de l'instinct et aussi de notre race ? Nous le croyons fermement. Sont-elles exclusives, définitives, et l'avenir ne peut-il y porter atteinte ? Nous ne voulons pas l'affirmer.

La numération des syllabes, en français, apparaît simple. En réalité, elle est double. Il y a la numération *quantitative* qui, peut-on dire, est d'application toute mécanique, et la numération *qualitative* qui est parallèle, *mais libre,* entièrement livrée à l'intuition du poète, toujours inobservée chez le mauvais rimeur, alors, qu'au contraire, elle est une ressource incomparable pour le véritable artiste dont elle accuse d'ailleurs toute l'originalité de composition. C'est de cette double numération, *sériée régulièrement ou irrégulièrement par la rime et ses rappels*, que doit naître le chant du poème, implication première du rythme. Et dès lors, il y a vers. Tout le reste est dispositif d'écriture, simple indication pour les yeux qu'il y a lieu de conserver, mais qui, pour l'oreille, est d'une utilité beaucoup plus lointaine, sans doute. Quant à la précellence, pour les combinaisons syllabiques, du nombre douze, terme de l'alexandrin, il semble inutile d'en discuter. C'est une constatation mathématique.

Il nous reste maintenant à nous expliquer sur le rythme. Lorsque, il y a quelque temps déjà, nous écrivions ceci : « Dans l'œuvre du poète, *le rythme est le geste de l'âme,* » l'image dont nous nous servions indiquait à elle seule que nous étions loin de conserver au mot rythme le sens étroit qu'il possède couramment. Le rythme n'est pas constitué par les césures ou la coupe des strophes. Il y a cinquante ans à peine, nous n'aurions pu le démontrer comme aujourd'hui. Mais la théorie des harmoniques de Helmholtz, celle plus récente des ondes de Hertz, des rayons Rœntgen, et d'autres encore du domaine biologique, nous ont profondément éclairés à ce sujet. Et cette opinion, de plus en plus admise, s'est confirmée en nous, que tout, dans l'univers, est vibration, combinaison de vibrations, formes de mouvement, nombre et séries, associations de rythmes ; que le monde entier n'est qu'une vaste orchestration de rythmes ; que nous-mêmes sommes un rythme dans le rythme intégral ou accomplissement universel, et que le rythme inhérent au verbe humain, le rythme, dans l'œuvre du poète, *est le mouvement même de l'inspiration.* Il est préexistant à la pensée elle-même. D'abord obscure, celle-ci s'y ordonne et s'y déploie, et le frisson du monde passe en elle. Intégrer la pensée dans le rythme, c'est en quelque sorte lui conférer l'éternité de celui-ci. Facteur émotif, loi des unissons, des correspondances et des formes, principe et fin de toute harmonie, il saura l'identifier à la vie psychique, c'est-à-dire à la croyance et aux aspirations des hommes ! (Cf. *Eternité*.)

Nous bornerons là nos réflexions sur les conditions matérielles de l'existence du poème. Les procédés nous sont indifférents. Mais pour nous, qui nous accommodons très bien du vers traditionnel, en y introduisant, à loisir, certains tempéraments tels que ceux étudiés et précisés depuis longtemps par l'un de nous, M. Adolphe Boschot, un grief, que nous ne pouvons taire, subsistera toujours contre toute prosodie exclusive et formaliste. C'est qu'elle permet à n'importe qui, doué de quelque style et de persévérance, de composer, avec des ressassements de toutes sortes, de fort bons vers, et même d'excellents vers et cela par milliers l'an. L'habitude fait partie de notre sentiment esthétique. Nous l'entendons fort bien. Encore ne faut-il pas cependant qu'elle l'absorbe au point de nous conduire à la routine. Et c'est à l'un de nos maîtres, à

M. Sully Prudhomme qui, certes, ne peut être suspecté de révolutionnisme en prosodie, que nous empruntons notre dernier argument. Il se trouve dans sa jolie pièce: *L'Habitude*:

> L'habitude est une étrangère
> Qui supplante en nous la raison,
> C'est une vieille ménagère
> Qui s'installe dans la maison.
>
> . . . .
>
> Cette vieille au pas monotone
> Endort la jeune liberté.

Nous conviendrons donc que le poète, s'il est vraiment poète, a le droit de se faire sa règle à soi-même. C'est d'ailleurs toujours à ses risques et périls. Si la forme convenue est trop étroite pour sa pensée, celle-ci la fait éclater, et l'on voit tout de suite où s'exerçait à tort le rigorisme des méthodes. Et l'exemple prévaut, et l'exemple fait foi. Au delà de toutes les définitions possibles, il ne nous apparaît plus qu'une seule catégorie de vers : *le vers eurythmique*. Il doit avoir sa place dans toutes les prosodies. Il est, ou n'est pas, voilà tout. (*Nos Colloques.*)

Ces remarques faites, combien différente nous apparaît, dans son utilité immédiate et dans ses conséquences, l'étude de la conception poétique. « Si nous désirons, en effet, sortir du chaos où se débat actuellement la poésie française, écrivait récemment dans la *Revue bleue* M. Léon Vannoz, il faut que nous fassions un grand effort pour comprendre les lois vraies de la création poétique, et pour nous comprendre nous-mêmes... Plus le poète comprendra profondément le travail de la conscience et de l'imagination créatrice, plus il verra augmenter ses moyens de prise sur la nature. » Rien ne nous semble plus juste. On pourrait ajouter : et plus son idéal s'élèvera. Nous verrons mieux le but ; la clarté se fera sur la route ; nous risquerons moins de nous égarer en des préoccupations à côté, et, peut-être ainsi, pourra-t-on mieux nous apprécier ? Il faut le redire ici : il y a quelque chose de changé dans l'âme humaine. A la conception nouvelle de l'univers et de la vie que s'est faite l'homme d'aujourd'hui, les paraboles d'antan ne correspondent plus. Nous ne pouvons plus nous intéresser naïvement aux légendes qui ont charmé nos pères. Nous-mêmes les avons trop entendues. Les points de vue sont déplacés, et la poésie éternelle a besoin de nouveaux modes d'expression. Aux poètes de les chercher et de les indiquer. A conception haute, œuvre haute. *Ex nihilo nihil.* Nous sommes pénétrés de cette vérité. Aussi est-ce résolument que nous inscrivons notre premier principe :

I. LA POÉSIE RÉALISÉE EST LA FORME TRANSCENDANTE DU SAVOIR.

Elle fut telle à l'origine, et toujours elle s'est révélée telle chez les grands poètes. La poésie apparaît comme la première éducatrice spirituelle des hommes. Elle a fondé les religions et les philosophies. Elle a présidé à toutes les manifestations de la beauté. Son hégémonie a resplendi sur les âges jusqu'aux époques récentes, où les progrès de la science et de la civilisation l'ayant submergée, elle est devenue, sous son aspect le plus décent, un petit talent de société, un agrément de five o'clock, un passe-temps de demoiselles, et sous son aspect grotesque, un exploit pompeux de *minus habens*. Et nous protestons. *Le rôle de la poésie ayant toujours été d'agrandir la conscience humaine au delà même des vérités contrôlées,* il ne nous est plus permis de tout ignorer de ce qui se passe autour de nous. Il faut connaître ceci pour atteindre à cela. C'est parfait, chanter la vie et l'humanité ! Encore faut-il savoir ce qu'elles sont, et ce qui les constitue aujourd'hui. Suffit-il de s'asseoir sur un banc de mousse, au bord d'un ruisseau, et de mettre la main sur son cœur, en regardant la lune ou quelque étoile favorite ; d'évoquer la maison blanche aux volets verts, pour se dire l'annonciateur des fraternités et des bonheurs futurs ? Nous ne le croyons pas. Il faut savoir beaucoup de choses, aux temps présents, pour en apprendre un peu aux hommes, pour en mettre quelque essence dans ses écrits. Mais qu'il n'y ait ici aucune méprise. Le poème didactique est un non-sens à nos yeux. La poésie reste pour nous l'évangile de l'ineffable qu'elle investit de sa toute-puissance émotionnelle. Elle tend vers toutes les possibilités de l'affirmation, c'est-à-dire vers l'absolu, mais c'est par transcendance, et par les voies du sentiment que son charme opère. Et nous voici à notre seconde proposition ; elle découle de la première :

II. LA POÉSIE, PHÉNOMÈNE SUBJECTIF, EST LA VOLUPTÉ DE LA CONNAISSANCE.

Et par connaissance, nous entendons celle-ci sous toutes ses formes, notion ou prénotion, aspiration, imagination ou intuition. Et qu'est-elle encore, sinon, dans le vouloir et l'effort des hommes, la compréhension, la pénétration, la possession de toutes choses par l'âme et les sens ? Et n'établit-elle pas ainsi la norme même du rêve, rapport mystérieux entre ce qui est *nous* et ce qui est *tout*, entre la vie individuelle et la vie universelle. Or, dans nos recherches, cet enchantement n'est pas moindre de nous apercevoir ici que notre formule est aussi une définition de l'amour.

Et nous poursuivons, conséquemment encore.

III. LA POÉSIE EST INFINIMENT PERFECTIBLE ; C'EST UNE CRÉATION PERPÉTUELLE.

Il est bien évident qu'étant en correspondance directe avec notre sensibilité intellectuelle, laquelle se développe de siècle en siècle, sous l'action du savoir de plus en plus étendu, elle ne peut rester stationnaire. Et, cependant, ne vient-on pas répéter que le poète doit sans cesse revenir à l'inspiration première, à la fraîcheur d'âme angélique, à l'ingénuité, à la naïveté touchante des âges d'or, et que, sur toutes choses, il doit écarquiller de grands yeux tout neufs ? Qu'est-ce que cela peut bien vouloir dire ? Il faudrait cependant s'entendre. Jusqu'où, jusques à qui faut-il remonter pour trouver cette fraîcheur d'âme et cette ingénuité charmeresses ? Est-ce jusqu'aux temps de l'homme des cavernes, du déluge ou des croisades ? Ou bien faut-il simplement régresser jusqu'à la mentalité des Iroquois? Oh ! nous entendons bien la plaisanterie. La gageure tenue est bien bonne. — Il faut régresser jusqu'à l'infantilisme. Aux innocents les mains pleines. — Nous nous en doutions.

Mais pour nous, qui n'en sommes plus à croire que l'âme humaine, à travers les âges, reste imperturbablement égale à elle-même ; qui la concevons en perpétuel devenir, formée par toutes les capitalisations du passé et de l'hérédité, par toutes les acquisitions et par toutes les influences du savoir et des milieux, il est difficile d'admettre que le poète se doive complaire indéfiniment dans la contemplation de deux ou trois phénomènes généraux de la nature, signalés, d'ailleurs, depuis fort longtemps sous toutes les latitudes. C'est plus loin, c'est-à-dire plus profondément, que doivent tendre ses aspirations. La poésie est création, ou mieux, révélation perpétuelle. Ce qui est révélé — est. Mais, à la longue, cette révélation s'associe à notre façon de voir. Notre personnalité se l'approprie, elle en fait notre bien — et nous souhaitons autre chose.

Un exemple est peut-être utile. Imaginons un poème merveilleux, qu'un admirateur enthousiaste se ferait réciter chaque jour. Au bout d'un certain temps, les impressions produites, toujours répétées, se mécaniseront, pour ainsi dire, dans l'esprit de l'auditeur. Ses sens et sa mémoire les enregistreront automatiquement, son intelligence ne sera plus sollicitée ; il n'y aura plus curiosité, et la poésie, phénomène en soi, disparaîtra. Le lecteur moderne est ce personnage. Il a trop entendu les mêmes choses. L'œuvre poétique n'en existe pas moins toujours, mais il ne peut que la situer, historiquement, à sa date, dans son admiration.

Il en est de même des jugements tout faits, des jugements conventionnels. L'impéritie phraséologique éclate de toutes parts. Elle nous a des airs de carnaval ou de rodomontades. A toute œuvre, il faut désormais une caution. Et cette caution, c'est le savoir moderne. Il sera de plus en plus difficile de faire voir monts et merveilles au public dans un vers idiot. « Mais vous n'avez pas le sens anagogique, ma chère ! » Et c'est de la rue que monte une voix. « Et va donc ! » répond Gavroche. — Et Gavroche a bien de l'esprit. Il faut rire.

IV. LA CRÉATION POÉTIQUE EST UNE INTÉGRATION, NON UNE SYNTHÈSE.

Il n'est plus permis au poète de tout ignorer, disions-nous. Mais la science universelle est irréalisable. L'homme a établi des sciences partielles, physiques, naturelles, morales, sociales, etc... Elles évoluent dans leurs domaines respectifs, et chacune poursuit la vérité. Or, la vérité, dans l'absolu, est une. Il faut donc qu'elles aient entre elles des rapports, des correspondances, difficiles à découvrir, encore plus à déterminer. La poésie intervient au sein même de toutes ces correspondances mystérieuses qui sollicitent notre activité intellectuelle, notre mémoire, nos aspirations, notre moi tout entier, et constituent cet état de conscience où, semble-t-il, nous communions dans l'infini. Semble-t-il, faut-il dire, car, hélas ! la création poétique ne consiste qu'à déterminer jusqu'aux subtilités du frisson les limites extrêmes d'une somme d'infiniment petits, de nature fort complexe, qui sont nos aperceptions de toutes sortes. Or, cette somme d'infiniment petits, ce complexus d'aperceptions de toutes sortes, quels sont-ils, sinon le fond même de notre personnalité, de notre âme, en un mot ? C'est donc des limites mêmes de l'âme dans l'âme universelle qu'il s'agit ici. *Tout poème qui se réalise ne tend qu'à résoudre une part du problème éternel de l'individuation.* Cette question correspond encore, en hautes sciences, à certains autres problèmes, fort connus des savants, mais que les poètes se font ordinairement gloire d'ignorer. Rigoureusement parlant, c'est une intégration (*).

(*) Les lettrés eux-mêmes aggravent communément, en poésie, la confusion entre le *contenant* et le *contenu*. Et cependant, il est bien évident que la création poétique, dans sa *réalisation formelle*, est d'ordre fini, puisque, en réalité, il s'agit d'aboutir à une *expression limite*, à ce point définitive qu'il ne soit plus possible d'y changer un seul mot. L'effort du poète consistera donc à convertir tous les aspects de son émotion et du rythme inspirateur, qui sont d'ordre infini en valeurs idéologiques et syntaxiques d'ordre défini. D'où l'intégration, dans le

Et lorsqu'à l'inscription du temple de Delphes : *Connais-toi toi-même*, nous ajoutions la formule de Térence ; *Homo sum, et nihil humani a me alienum puto* ; lorsque nous écrivions que nous voulions exprimer la vie humaine en fonction de l'humanité tout entière, et notre individualité en fonction de l'univers comme de l'inconnaissable, nous professions *l'Intégralisme le plus pur*. (*Nos Colloques.*)

Et nous ne redoutons pas les contradictions. La dénomination nous apparaît profondément exacte. Elle se vérifie suivant le sens littéral du mot. Et nous pouvons la suivre jusque dans son acception philosophique et même mathématique. Pourquoi pas ? Somme toute, nous hésiterions moins à nous réclamer de Newton ou de Leibniz

---

seul sens donné par les lexiques français. C'est seulement dans l'âme du lecteur, que le poème, par la vertu du rythme intégré, rétablira émotionnellement la communion dynamique avec l'infini, c'est-à-dire entre la vie individuelle et la vie universelle. *Ad. Lacuzon* (Textes généraux).

que d'un quelconque envoyé des Muses, s'en vînt-il de l'Hélicon même !

Mais voici bien le grand argument des apôtres incorruptibles de la foi du charbonnier. Il ne nous sera pas épargné. Est-il bien nécessaire, dira-t-on, de s'engager dans des démonstrations aussi rigoureuses, pour goûter et même pour créer la poésie ? Et nous répondrons incontinent que, dans cet ordre d'idées, il n'est pas non plus indispensable pour vivre, boire, manger, dormir, et, par surcroît, se distraire et voyager, au siècle d'Edison, de Pasteur, de Tolstoï, de Nietzsche, et de tant d'autres génies, de savoir comment on naît et comment on meurt, pourquoi l'on souffre et pourquoi l'on espère, mais que nous ne sommes pas fâchés d'être un peu plus fixés à ce sujet chaque jour, et que c'est peut-être là ce qui constitue notre supériorité sur le Malgache ou le Huron rencontré sur nos boulevards, ou sur le chimpanzé Consul — cependant de mœurs fort civiles, dit-on.

D'ailleurs, c'est d'un domaine à l'autre, et l'un par l'autre, qu'il nous faut éclairer nos données et nos termes de comparaison. C'est le principe même de l'invention. Il faudra bien en venir à l'identification des postulats. Les clefs du mystère et de l'infini sont des formules. Ce n'est pas dans la lune qu'on les forge.

Et nous irons encore plus loin. La création poétique n'est pas, à proprement parler, une synthèse. On l'a dit, nous l'avons cru, et on le répète encore. Peut-être même par ce mot est-il entendu tout simplement syncrèse. Quoi qu'il en soit, la synthèse est antérieure à la création poétique. C'est un phénomène occulte qui se produit dans la subconscience. Elle est une résultante affective de toutes sortes d'influences, d'origines physiologiques aussi bien qu'intellectuelles. *Elle est constitutive de l'état d'âme.* Mais l'état d'âme, c'est le cas fréquent, peut très bien rester passif, partant stérile, ou même encore présider simplement aux manifestations les plus diverses de la vie extérieure, et rester ainsi étranger à toute poésie. *Chez le poète, il est nécessaire que cet état d'âme passe du mode affectif à l'état actif, se dynamise en quelque sorte* (*), *et c'est sans doute alors qu'il prend le nom d'inspiration.* Pour qu'il y ait création poétique, il faudra donc que l'état d'âme, *ainsi devenu motion d'âme,* soit inscrit dans un symbole. *Et cette inscription dans un symbole, c'est une intégration,* et mieux, c'est une intégration de fonctions. Car les mots et les phrases, représentatifs de pensée, de sentiment et d'émotion, sont des valeurs, et ces valeurs sont des fonctions, attendu que les variations de l'une entraînent les variations de l'autre. Que le rythme intervienne, et l'œuvre est née.

V. LE SYMBOLE POÉTIQUE INTÈGRE LA CONNAISSANCE EN PUISSANCE ; LE RYTHME, FACTEUR ÉMOTIF, L'IDENTIFIE A LA VIE PSYCHIQUE, ET CRÉE LA POÉSIE.

Ce dernier principe est une conclusion. Sans doute convient-il de nous prononcer aussi sur le

---

(*) L'ancienne esthétique était, en définitive, *statique*, en ce sens que le poète traduisait son sentiment ou sa vision en assignant à ses images un cadre déterminé qui

symbole. Nous n'irons pas chercher des définitions compliquées. Pour nous, le symbole est une généralisation de la pensée par l'image. Quant au rythme, nous l'avons dit plus haut, il n'a avec les règles prosodiques que des rapports de maître à serviteur. Il est le mouvement même de l'inspiration, matérialisé en quelque sorte par le vers, et il a son origine dans les lois profondes de l'organisme et de l'univers. Il aboutit au don du poète, hors lequel, hélas ! il n'y a pas de salut. Nous l'avons toujours affirmé. *Le don du poète,* avons-nous écrit déjà, *est une condition psychique supérieure, comme l'héroïsme (Eternité.)*

Et pour aller jusqu'au bout de notre pensée, nous déclarerons encore que le langage des vers, en délimitait la signification. Il n'y a que l'embarras du choix pour les exemples. Chez les Intégralistes, au contraire, c'est le mouvement même de la vie qu'il faut atteindre en enchaînant les images suivant le dynamisme même où elles apparaissent dans le champ de la conscience. Toute la vie environnante est intégrée avec elles. De verbal, le lyrisme *devient dynamique* et reconstitue ainsi le continu de l'existence. *Ad. Lacuzon* (Textes généraux).

s'il ne doit exprimer que des choses mille fois redites, ou même simplement connues de tous, nous apparaît comme une futilité, vouée aux railleries sous cape des gens d'esprit. On n'imagine pas, en effet, en plein XX° siècle, un homme de valeur véritable s'appliquant à traiter en vers un sujet donné, ou à nous raconter ses petits ravissements ou ses petits déboires avec des rimes dans la voix. O vanité, se vouloir poète, et se proclamer tel, se croire supérieur à tous ces pauvres mortels à qui la destinée n'a pas donné la vocation de Benserade ou de Chaplain ! Se rengorger de quelques suffrages obtenus par surprise et, rêvant d'immortalité, oublier bien vite que, dans la soirée où les applaudissements furent si nombreux, il y avait aussi, et surtout, un violoniste, et une chanteuse ! Ah ! le clinquant et les paillons d'histrionie ! Parodie du prestige. Etre quelqu'un ! Mais qui trompe-t-on, grands dieux ? La vieille question du fond et de la forme n'est même pas à poser en poésie. Que celle-ci soit parfaite, et celui-là admirable, nous jugerons encore l'œuvre vaine, s'il n'y a qu'adaptation prosodique. Il faut qu'il y ait identification, c'est-à-dire que la pensée et sa forme soient tellement confondues dans le rythme que leurs rôles respectifs ne puissent plus être déterminés. C'est la seule façon de justifier le poème de nos jours. Sinon, la prose est là. Elle a tous les avantages pour raconter, traduire, commenter et enseigner, et la grande poésie, il est facile de s'en convaincre, ne la boude pas toujours. S'il n'est vraiment l'initiateur et le voyant, tel qu'il le fût aux temps passés, le poète n'a plus rien à dire aux temps modernes.

Telle est notre façon de concevoir la poésie. Devons-nous ajouter que des aspirations communes ne sauraient aliéner les indépendances ? Ce n'est point s'inféoder que d'orienter ensemble ses regards vers des sommets nouveaux. Notre doctrine ne s'oppose systématiquement à aucune autre. Au contraire, en déclarant la poésie infiniment perfectible et création perpétuelle, elle appelle tous les élans de l'individualisme noble. Son but serait de réassigner à la poésie sa mission prophétique — dont il nous semble bien qu'elle s'est fort éloignée. Nous ne nous dissimulons pas le péril d'une telle ambition. Nous avons cru cependant devoir l'affirmer ici. L'idéal humain recule toujours, recule dans l'infini, mais dans l'infini, aujourd'hui, nous pouvons jeter beaucoup plus de lumières ! Et n'est-ce pas à ces fins que nous ont préparés tous nos glorieux devanciers, grands initiés de tous les âges, prophètes et voyants, grands émancipateurs de la conscience humaine, dont nous ne pouvons évoquer le souvenir sans une étreinte au cœur, mais dont le verbe puissant sonne si haut tout au fond de notre rêve, que nous levons la tête pour les suivre ?...

Il existe, dans la génération qui demain paraîtra devant la vie, une puissance intellectuelle énorme. Elle s'y trouve pêle-mêle, en désordre, sans cohésion ; c'est un chaos de savoir, et dans chaque conscience elle suscite des conflits. Mais qu'un souffle passe, et toute cette force immense s'organise, s'ordonne, et peut-être se magnifie.

Et peut-être aussi, à cette heure où si volontiers on parle de décadence, sommes-nous à deux pas d'un siècle de Périclès.

Or, nous, que toute cette ardeur et cette force environnent ; nous qui, dans nos solitudes de poètes, tressaillons chaque jour d'entendre, comme un écho multiplié, tous les eurekas du savoir des hommes se répondre d'un bout du monde à l'autre bout, un espoir nous a conquis, nous réconforte et nous exalte. Sans doute, une angoisse l'enveloppe, mais dans cette angoisse, une certitude a lui. Et pourquoi ne pas l'exprimer, puisque les mots tremblent sur nos lèvres ? Il ne s'accomplira rien dans l'humanité, rien de durable et rien de vaste, aucun grand mouvement social ne pourra se perpétrer au nom de la plus éclatante vérité, si ce n'est pas la Poésie qui promulgue celle-ci au fond des âmes !

Nos prédécesseurs immédiats ont déclaré que leur doctrine répondait aux nécessités du moment. En invoquant les temps présents, nous leur demandons tout simplement la permission de parler comme eux. (Ad. LACUZON.)

De l'Inspiration.
La connaissance émotionnelle.

Cette constatation n'est pas d'hier. On peut ffirmer sans hésitation qu'elle ne s'est jamais lus imposée qu'aujourd'hui : Il existe actuellement dans la langue française un nombre considérable de mots qui ne veulent plus rien dire, ou — cela revient au même, — qui veulent dire toutes sortes de choses à la fois. Dans nos écrits, dans nos œuvres de raisonnement comme dans nos œuvres d'imagination, leur intervention est désastreuse. Ils apparaissent comme des trous dans notre pensée.

La confusion sévit dans tous les domaines de la connaissance. En poésie, nous atteignons au pire. On trouverait difficilement trois poètes capables de s'entendre sur le mot lyrisme...

Et que dire de l'Inspiration ? Il n'est point d'expression dont on abuse davantage, et cela probablement parce qu'elle est sans valeur. Dans l'esprit des lettrés comme dans l'esprit public, ce mot ne répond à aucune idée précise. Il s'emploie pour signifier qu'une pensée nous est venue, ou qu'une œuvre nous a été dictée sous une influence étrangère, et, pour le moins, surnaturelle. Il éveille en nous le sentiment vague d'une intervention mystérieuse, d'une assistance divine, et, quelles que soient nos convictions sur l'existence et le rôle de la Providence, il n'est pas différent de ce que les religions entendent par révélation, et de ce que les théologiens appellent, je crois théopneustie. Le Paraclet, que ce soit celui prévu par Athénagoras ou celui de Saint-Augustin, a passé par là ; il y a laissé son souvenir. L'expression demeure donc entachée de mysticisme, partant d'obscurité. La critique moderne ne la prend pas au sérieux.

D'autre part, comme l'Inspiration ne s'apparente à aucun phénomène classé par la science et la philosophie d'aujourd'hui, les théoriciens sont nombreux qui la confondent volontiers avec l'intuition.

L'assimilation à notre sens, est cependant grossière. Elle ne supporte pas l'examen.

Si l'on s'en tient aux définitions courantes, l'intuition ne serait autre que la faculté de comprendre et de conjecturer, sans avoir besoin de réfléchir, c'est-à-dire spontanément. En précisant un peu, nous écrirons : la faculté, pour l'esprit, de solutionner des possibilités, sans passer par le raisonnement. Tout de suite, et sans aller plus loin, une constatation s'impose. L'intuition apparaît à l'origine de toutes nos déterminations. Il n'est pas un acte de la vie qui ne soit, à plus ou moins de distance, une conséquence de sa première démarche. Les exemples abondent. Nous ne raisonnons, nous ne nous expliquons que pour justifier nos intuitions, et les faire accepter par autrui. C'est par intuition que, dans la conversation, nous savons par avance ce que nous allons répondre à notre interlocuteur, et que nous pouvons continuer une phrase commencée par lui.

Les associations d'idées se sont faites à notre insu, suivant une mathémathique qui ne nous est pas accessible et qui appartient aux opérations mystérieuses de la loi du nombre. Intuition, tous nos pressentiments ; intuition, tous les avertissements de l'instinct. Intuition, chez certains animaux, le sens plus ou moins développé de l'orientation. Intuition, le refus du cheval qui se cabre devant l'obstacle qu'il ne peut franchir. Dans l'esprit de l'animal, un problème s'est soudainement précisé, et l'intuition l'a résolu. Les forces dont il pouvait disposer ne l'emportant pas sur l'effort qu'il avait à accomplir, le cheval s'est cabré.

Le phénomène de l'intuition n'est pas autre chez l'homme. La supériorité de celui-ci est simplement de pouvoir s'en expliquer. Toutes nos spéculations partent d'une intuition, la spéculation mathémathique, comme la spéculation philosophique. Il n'y a pas de distinction à établir, car c'est par suite d'un travers de notre entendement que nous ne pouvons considérer les mathématiques que sous l'aspect de leur notation, et qu'il nous semble absurde de faire intervenir celles-ci lorsqu'il s'agit de problèmes de la pensée.

Ces remarques faites, l'intuition s'affirme comme un phénomène de la vie individuelle trop général pour qu'il nous soit possible de l'identifier avec la cause initiale de la création poétique. Il n'existe, en effet, dans la suite des siècles, qu'un trop petit nombre de poètes créateurs pour que les œuvres merveilleuses qu'ils nous ont laissées soient, à nos yeux, le résultat d'une faculté qui se rencontre chez tous les individus, à des degrés bien différents, il est vrai, mais qui atteint parfois une puissance extraordinaire chez des gens n'ayant rien à voir avec la poésie. Il y a, racontent les voyageurs, des sauvages qui ont des intuitions stupéfiantes ; des chiromanciens sont allés jusqu'au prodige, et des illettrés nous étonnent tous les jours par leur perspicacité intuitive. Le miracle des beaux poèmes a certainement son origine ailleurs.„

La physiologie et la psychologie se sont trouvées d'accord sur une donnée expérimentale. C'est dans l'état d'émotion que le beau est perçu par nous, affectivement, dans toute sa puissance de transfiguration. Par voie de raisonnement, la création de l'œuvre s'expliquerait suivant le phénomène inverse : l'œuvre poétique naît d'une émotion. Cette proposition devait satisfaire les esprits. Mais tout de suite, on voulut différencier l'émotion esthétique de l'émotion physiologique. Cette distinction n'existe pas pour nous. Il ne s'agit là que d'une question de modalité.

Il y a émotion, dirons-nous, chaque fois que l'être est arraché brusquement, par une cause quelconque, aux conditions normales et habituelles de son existence individuelle. Dans l'état d'émotion, l'homme est en quelque sorte ravi à sa propre vie. Il se sent encore lui-même, mais en même temps, il se sent au-delà de lui-même. Sa personnalité semble lui échapper ; il n'est plus, peut-il croire, maître de sa volonté. Une puissance étrangère s'est unie à la sienne, car alors il se trouve placé sous l'action directe de lois dont il n'avait pas accoutumé de ressentir ainsi les effets, et ces lois ne sont autres que les lois générales de l'univers. Et cela est vrai, qu'il s'agisse d'une émotion produite par la peur ou par la joie, par la douleur ou par le ravissement. L'émotion psychique pure, celle qui apparemment ne correspond à aucun trouble physiologique, comme d'ailleurs l'émotion esthétique qui en dérive, ne sont que des états supérieurs de cette émotion. L'âme se trouve soudain comme portée hors de ses limites, et l'au-delà d'elle-même c'est l'univers, c'est-à-dire l'infini. Peut-être serait-il intéressant d'invoquer ici les témoignages les plus récents de la science psychique, relatifs à l'extériorisation de la personnalité, mais nous nous contenterons seulement de faire remarquer que, de tous temps, le sentiment populaire a traduit instinctivement cette vérité, suivant des expressions comme celles-ci : Etre transporté, être hors de soi, n'en pas revenir, etc. Le mot extase en grec (ἔκστασις) ne veut pas dire autre chose, d'ailleurs, qu'évasion, extériorisation de l'âme.

Aux diverses formes de la connaissance, nous pourrons donc en ajouter une autre, laquelle n'a pas encore été classée par la science : *la Connaissance émotionnelle*. Nous ne la différencierons pas de l'Inspiration.

Etre ému, écrirons-nous, c'est sentir dans l'au-delà.

L'origine du génie serait-elle trouvée ? Peut-être. Mais hélas, cette faculté de sentir dans l'au-delà n'est pas le génie lui-même. S'il en était ainsi, le monde serait peuplé de poètes incomparables, car la faculté d'émotion, même dans ses formes supérieures, n'est pas refusée heureusement à la majorité des hommes, surtout à ceux qui pensent et à ceux qui souffrent. Etre ému ne suffit pas. Ce qu'il importe désormais, c'est le souvenir de cette émotion, et surtout la façon dont il va se fixer en nous, car il serait enfantin de prendre la plume, et de vouloir immédiatement traduire cette émotion. Celle-ci, en effet, est un trouble, un ébranlement intime et profond de notre être, une perturbation rapide dans notre organisme, et dans notre entendement même, et le poète qui chercherait à la fixer sur le champ n'aboutirait qu'à de vagues notations, sans aucun intérêt d'art pour autrui. C'est donc, à la vérité, le souvenir de l'émotion qui est fécond. Mais il arrive souvent que ce souvenir se confond en nous avec celui des circonstances dans lesquelles s'est produite notre émotion : il s'imprécise peu à peu, s'agrège pour ainsi dire à notre vie sentimentale et disparaît. Chez l'être privilégié, chez le poète, au contraire, ce souvenir se fixe aussitôt au sein même de sa connaissance et de son savoir, lesquels ne sont pas différents de son âme. Et durant cet instant où celle-ci est allée au-delà d'elle-même, c'est toute son intellectualité qui a communié dans l'infini. Replongée tout à coup dans la norme éternelle et dans la loi du nombre, elle en a gardé comme l'empreinte, et, rythme individuel uni au rythme universel, elle a reçu comme l'imposition de l'absolu. En ce moment, il y a eu en elle état de certitude, état de foi. Le poète a vécu, à la fois, en lui-même et dans l'univers. Il a vu sous l'aspect de l'éternité. Cette émotion a introduit en lui une formule de vie nouvelle, et cette formule nous pouvons l'appeler, suivant l'expression mathématique même, une *fonction transcendante*, puisque sa génération implique l'infini. Nombre issu du nombre, elle sera, avant la pensée, avant le verbe, la motion initiale de son vouloir de poète. C'est en son nom qu'il va pouvoir affirmer, et c'est d'elle que va jaillir le rythme, geste de l'âme, le rythme, avons-nous dit, mouvement même de l'Inspiration.

Le rythme s'annonce donc bien ici, si nous nous sommes suffisamment expliqués, comme une manifestation de la vie individuelle, — la plus intime, la plus profonde, la plus puissante, — qui a son origine et la retrouve dans la vie universelle. Le problème de l'individuation, qui a tenu tout le moyen âge, s'énonce tout entier dans cette constatation. Le rythme procède donc de nous-mêmes et d'un au-delà de nous-mêmes. Et c'est sans doute pour cela qu'au-dessus de toute création de grand poète où il est réalisé, plane ce sentiment nostalgique de l'infini, cet attrait du grand mystère et du néant qui rend présente en nous l'idée de la mort...

Mais n'anticipons pas. L'œuvre n'est pas née. Car c'est d'ici, et d'ici seulement, que nous ferons partir le don du poète. Il est, avons-nous dit, une condition psychique supérieure, comme l'héroïsme. Expliquons-nous. Alors que, chez le héros proprement dit, l'état d'âme dont nous avons parlé va se transformer spontanément en un geste de bravoure, de dévouement, d'abnégation, autrement dit, en offrande de soi, chez le poète, ce même état d'âme va se transmuer peu à peu, pour des fins identiques, en volonté de création; *il va se dynamiser,* devenir, en quelque sorte, motion d'âme, et tout son effort va tendre à en extérioriser le signe essentiel, c'est-à-dire le rythme. Mais exprimer totalement un état d'âme, suivant son rythme, est impossible. Un état d'âme est une synthèse, et, toute synthèse, quelle qu'elle soit, est un geste de la création universelle. La formation de la matière, comme la formation des corps en général, celle de notre être, celle de notre pensée, de notre intelligence, de notre mémoire, de notre moi, sont des synthèses, et la conscience des hommes est étrangère à leur réalisation. Si l'homme en pouvait pénétrer le principe, il referait le geste créateur, il referait le monde. Le poète va donc procéder, toujours suivant l'expression mathématique même, par tentative indéfinie d'approximation, il procédera par intégration. Il cherchera à déterminer jusqu'aux subtilités du frisson les limites extrêmes de cet état d'anticipation de son âme, alors que celle-ci, sous l'influence de l'émotion, était allée au-delà d'elle-même. Et comme son âme est tout son être, toute sa sensibilité et toute son intellectualité, il va faire appel à la connaissance tout entière pour reconstituer cet état de grâce où elle s'est surpassée, dans la divination du grand tout. L'intuition va intervenir avec tous ses enchantements et ses trouvailles ; il va commencer l'œuvre.

Mais, dans la cohue actuelle des idées, dans la conflagration permanente des systèmes, dans la lutte et la complexité des passions, les mots ne sont plus que des mots. Il se rendra compte que le prestige et la magie dont les dotèrent dix siècles de littérature ne sont plus aujourd'hui des éléments de persuasion assez sûrs. Pour architecturer sa pensée, dans les sublimités de la transcendance, les symboles d'hier manqueraient de puissance. A l'encontre de ses aînés, il ne les réalisera plus par transmutation de valeurs verbales et métaphoriques. Leurs méandres légers s'évanouiraient au premier souffle de vrai lyrisme. Il les édifiera par *transmutations de notions*. Et pour imposer désormais son rêve à la matière, ce ne sera pas trop de la collaboration du savoir de tous les hommes...

Adolphe LACUZON (*Revue Bleue*, 10 mars 1906).

DOCUMENTATION GÉNÉRALE
DE L'INTÉGRALISME

DOCUMENTATION GÉNÉRALE DE L'INTÉGRALISME

TITRES PRINCIPAUX

L'Intégralisme (*La Foi nouvelle du Poète et sa Doctrine*). — Les données de l'Intégralisme, exposées dans la préface d'Eternité et dans Nos Colloques, puis édifiées en corps de doctrine par M. Adolphe Lacuzon, ont fait l'objet d'une présentation générale, publiée sous forme de Manifeste, — MM. Cubelier de Beynac, Adolphe Boschot, Séb.-Ch. Leconte, Léon Vannoz, ayant signé avec l'auteur, — par la Revue politique et littéraire, Revue bleue (le 16 janvier 1904). — 1. vol. in-16. Edit. des Poèmes. Pedone, 13, rue Soufflot, Paris.

Eternité (*Préface, étude sur la Poésie*), par Adolphe Lacuzon. Paris, Lemerre, éditeur, 1902.

Nos Colloques (1ʳᵉ et 2ᵉ série, 1902-1907), par Adolphe Lacuzon. Paris, Édit. des Poèmes.

Nouvelle Revue (15 mai 1902). *Étude*, par Armand Demelin.

Samedis littéraires (1ʳᵉ et 2ᵉ série), Perrin, édit., par J. Ernest-Charles, et articles du même dans la Revue Bleue.

Revue hebdomadaire (20 septembre 1902), *Les Livres*, par Michel Salomon.

Mouvement socialiste (septembre 1902), *Les Livres*, par Marius-Ary Leblond.

Nouvelle Revue (15 février 1903). Armand Demelin : *Sur l'humanisme et notre Doctrine*.

Revue universelle Larousse (juillet 1903). *Sur notre Humanisme*.

Revue bleue. Léon Vannoz : *Les deux Poétiques* (23 mai 1903); — *Prose et Poésie* (6 juin 1903); — *La Vie psychique, son Rythme et la Poésie* (10 octobre 1903) ; — *Les diverses Modes d'Ex-*

pression de la Poésie française (14 novembre 1903).

Echo de Paris. *Lettre de M. Sully Prudhomme* (17 novembre 1903) et *réponse* par M. Léon Vannoz (27 novembre 1903).

Le Beffroi. Chroniques par Léon Bocquet. — *Quelques-uns* (mars 1903).

Nouvelle Revue (15 décembre 1903). Armand Demelin : *L'Avenir du Poème.*

Grande Revue (15 mai 1904). S.-C. L nte : *D'un Avenir possible de la Poésie* et préface du « Sang de Méduse ».

Revue septentrionale (septembre 1904). René le Cholleux : *L'Intégralisme.*

Le Poème de l'Ame (préface). Léon Vannoz. Edit. des Poèmes, 1 vol. in-16, 1905.

La Revue (1ᵉʳ avril 1905). *La Poésie en 1904,* par Adolphe Retté.

L'Œuvre internationale (mai 1905). Guy Lavaud : *L'Intégralisme et la Poésie future.*

La Revue (15 octobre 1905). Léon Vannoz : *La nouvelle Esthétique et la Poétique.*

Mercure de France (1ᵉʳ novembre 1905). *L'état présent de la Littérature*, par Adolphe Retté.

La Littérature contemporaine (*Enquête sur*), par G. Le Cardonnel et Ch. Vellay. — Voir Lacuzon : *L'Intégralisme*, 1 vol. in-18. — Edition du Mercure de France.

Au commencement était le Rythme, *Essai sur l'Intégralisme*, par Jacques Roussille, 1 vol. in-16. Edit. des Poèmes (1905). Pedone, éditeur, 13, rue Soufflot, Paris, 1905. Nouvelle édition. Lemerre, 1913.

Gil Blas (10 décembre 1905). *Un incident littéraire.*

La Revue (janvier 1906). *La Poésie en 1905*, par Adolphe Retté.

Poésie et Génie, par les docteurs Antheaume et Dromard, 1 vol. in-16. Doin, éditeur.

Revue bleue (6 janvier 1906). *La Littérature contemporaine*, par J. Ernest-Charles.

Les Annales politiques et littéraires (30 avril 1906). *La Poésie,* par Auguste Dorchain.

Revue générale de Bibliographie (25 février 1906), *Chronique,* par Albert Lantoine, et (25 avril 1906), *Chronique,* par Edmond Potier.

Revue bleue (3 mars 1906). *Nos Poètes,* par J. Ernest-Charles.

Revue septentrionale (5 mars 1906). *Etude,* par Adolphe Lacuzon.

Revue bleue (9 mars 1906). *Second Exposé de l'Intégralisme, dialectique et comparé,* par Adolphe Lacuzon.

La nouvelle Littérature, par Ernest Gaubert et Georges Casella, 1 vol. in-18, Sansot, édit., 1906.

Nouvelle Revue (1er septembre 1906). *Intégralisme et Esthétique,* par Armand Demelin.

Le Censeur (13 octobre 1906). *La Fin du Symbolisme,* par J. Ernest-Charles.

Le Censeur (20 octobre et 10 novembre 1906).

Intégralisme et Symbolisme. Lettres par Adolphe Lacuzon.

Poèmes (*Introduction*), par Léon Vannoz, 1 vol. in-18, Sansot, éditeur.

Anthologie des Poètes français (*l'Intégralisme*, tome III), par G. Walch. Delagrave, édit., 1907.

The Times (6 septembre 1907), *Chronique.*

Samedis littéraires, V⁵ série, par J. Ernest-Charles, 1 vol. in-18, Sansot, éditeur.

Nouvelle Revue (1ᵉʳ décembre 1907). *Mentalités nouvelles,* par Armand Demelin.

Revue internationale de Sociologique. Discours prononcé par Adolphe Lacuzon à l'Hôtel des Sociétés savantes, le 13 janvier 1909, devant la Société de Sociologie. *Le Poète, sa condition et sa fonction sociale au début du xxe siècle.*

La Revue (15 janvier 1909). *Les Aspirations de la Jeunesse intellectuelle,* par Léon Vannoz.

La Revue septentrionale (10 février 1909). *Une conférence,* par Albert Acremant.

Echo littéraire du boulevard. Rey, éditeur.

Chronique littéraire, par André Billy (décembre 1909).

Revue bleue. *Enquête. L'Intégralisme,* par Lucien Maury (25 septembre 1909).

Paris-Journal. *Enquête. Sur la Littérature classique.* Rep. par Ad. Lacuzon (19 sept. 1910).

Paris-Midi (9 mai 1911, 5 février 1912). *Gazette des Lettres,* par André Billy.

La Renaissance contemporaine (24 mai 1912). *Un document littéraire : La préface d'Eternité.*

Nouvelle Revue (15 février 1913). *L'Effort d'une génération,* par Armand Demelin.

Les Actes de l'Intégralisme, 39, rue de Vaugirard, fasc. in-4°. Travaux de MM. : Adolphe Lacuzon : *Valeur en soi.* — Gabriel Dromard : *Psychologie du Snobisme.* — Léon Vannoz : *La Méthode ignorantiste.* — Jacques Roussille : *Du Droit d'admirer.* — Armand Demelin : *La Déformation des Idées.* — Edmond Potier : *La Loi de Concrétion.* — Lucien Demelin : *Hérédité intégrale.* — Edmond Blanguernon : *La*

Poésie sociale. — Paul-Emile Waillez : *Le Chemin parcouru.* — Philéas Lebesgue : *De l'Idée au Verbe.* — Martial Douël : *De la Justice.* — S.-Ch. Leconte : *De Coppée, de l'Abbé Delille.* — Léon Vannoz : « *L'Evangile de l'Ineffable* ». — Etc., etc.

TABLE

	Pages
Introduction	9
Du symbolisme à l'intégralisme	25
Eternité	37
L'avenir du poème	95
L'intégralisme, esthétique dynamique	115
Mentalités nouvelles	129
L'effort d'une génération	145
L'élan organisateur	163
Textes documentaires (extraits)	173
Documentation générale (titres principaux)	247

GRANDE IMPRIMERIE DE BLOIS
E. RIVIÈRE, Directeur

Ouvrages publiés par la Librairie EUGÈNE REY
8, Boulevard des Italiens — PARIS

JEHAN RICTUS

Les Soliloques du Pauvre, un volume illustré, par STEINLEN Prix 3 50

LUCIEN DESCAVES

Barabbas. *Paroles dans la vallée*, un volume illustré, par STEINLEN Prix. . . . . 6 »

CH. HUARD

Paris Vieux et Neuf. *Rive droite*, Un volume ; *Rive gauche*, Un volume, texte par André BILLY, illustration de Ch. HUARD (environ 300 dessins à la plume). Chaque volume se vend séparément . . . . 5 »

CH. HUARD

New-York comme je l'ai vu, illustration et texte de Ch. HUARD, un volume 3 50
Berlin comme je l'ai vu, illustration et texte de Ch. HUARD, un volume. 3 50
Londres comme je l'ai vu, illustration et texte de Ch. HUARD, un volume 3 50

Chaque volume de cette collection contient environ 140 dessins.

www.ingramcontent.com/pod-product-compliance
Lightning Source LLC
Chambersburg PA
CBHW062236180426
43200CB00035B/1790